진정한
프로

진정한 프로

발행일   2020년 10월 1일

지은이   김종신
펴낸이   손형국
펴낸곳   (주)북랩
편집인   선일영   편집   정두철, 최승헌, 윤성아, 이예지, 최예원
디자인   이현수, 김민하, 한수희, 김윤주, 허지혜   제작   박기성, 황동현, 구성우, 권태련
마케팅   김회란, 박진관, 장은별
출판등록   2004. 12. 1(제2012-000051호)
주소   서울특별시 금천구 가산디지털 1로 168, 우림라이온스밸리 B동 B113~114호, C동 B101호
홈페이지   www.book.co.kr
전화번호   (02)2026-5777   팩스   (02)2026-5747

ISBN   979-11-6539-300-7 03320 (종이책)   979-11-6539-301-4 05320 (전자책)

이 도서의 국립중앙도서관 출판예정도서목록(CIP)은 서지정보유통지원시스템 홈페이지(http://seoji.nl.go.kr)와
국가자료공동목록시스템(http://www.nl.go.kr/kolisnet)에서 이용하실 수 있습니다.
(CIP제어번호: CIP2020036124)

(주)북랩 성공출판의 파트너

북랩 홈페이지와 패밀리 사이트에서 다양한 출판 솔루션을 만나 보세요!

홈페이지 book.co.kr   •   **블로그** blog.naver.com/essaybook   •   **출판문의** book@book.co.kr

조직의 핵심 인재는 어떻게 생각하고 일하는가

진정한 프로

김종신 지음

성공을 원하는 자, 자신의 주변을 돌아보라!

전 삼성전자 임원이 밝히는
같이 일하고 더 나은 성과를 내는
이들의 비결

북랩 book Lab

_____ 님께

진정한 프로인 당신께 이 책을 드립니다.

- -

- -

- -

_____ 드림

내가 김종신 상무를 부를 때 자주 쓰는 표현이 있다. "Mr. 계성초." 그는 삼성전자 무선사업부에서 B2B 업무를 담당하였고 새로운 신규 사업을 의욕적으로 추진했다. 계성초등학교는 모바일 B2B 부문에서 태블릿을 중심으로 교육 분야의 스마트스쿨 사업을 전개하기 위한 첫 번째 프로젝트였는데, 그때 그의 모습에서 강한 인상을 받아 이런 닉네임을 지어 준 것이다. 그는 항상 열정과 정성을 다해 업무에 임했다. 이번에 출판하는 책은 그의 열정적인 삼성 생활 30년을 정리한 업무 노하우이며, 비즈니스맨으로서의 기본자세와 마음가짐을 제시한다. 특히 새롭게 비즈니스 세계에 들어오는 이 땅의 젊은 친구들에게 일독을 권하고 싶다.

_ 고동진(삼성전자 IM 부문 대표이사)

김종신 상무는 내가 삼성전자에서 모바일 B2B 팀장으로 근무할 때 함께 일하게 된 인연이다. 그는 업무에 대한 강한 열정과 책임감 그리고 정통파 삼성인의 피와 DNA를 가지고 있는 인물이다. 조직 내 리더십도 뛰어나 많은 직원들의 존경과 신뢰를 받는다.

그의 삼성 30년의 경험과 지식이 정리된 이 책은 삼성의 업무 노하우가 그대로 녹아 있는 경영의 살아 있는 지침서다.

이 책은 삼성에만 국한되지 않으며 어떤 기업이나 조직체에서든 도움이 될 만한 내용이다. 글로벌 초일류를 실현하는 삼성의 노하우를 나름대로 습득하고 각자의 조직에 맞게 재해석해서 추진한다면 이 책의 진가가 더욱 발휘될 것 같다.

_ 조범구(시스코시스템즈코리아 대표이사)

나이 40이 넘으면 죽음의 보따리를 준비해야 하고 특히 스스로의 인생 기록을 남길 필요가 있다는 친구의 조언을 듣고 2005년부터 일기를 쓰기 시작하였다. 이것이 바탕이 되어 이번에 회사와 업무의 경험에서 틈틈이 배우고 느낀 점을 전체적으로 정리하게 되었다. 여기에 더해, 코로나 사태는 역설적이지만 좀 더 집중적으로 책 쓰기에 몰두하게 해 주었다. 역시 위기는 기회다.

1989년 삼성에 입사하여 30년 동안 열심히 달려왔다.

돌이켜보면 철모르는 신입 사원 시절을 거쳐 일본 지역 전문가와 일본 주재원으로 근무하고 벤처 회사 대표를 역임한 뒤 다시 한국으로 돌아와 삼성의 임원이 되어 지난 10년간, 숨 막히는 글로벌 시장을 상대로 모바일 B2B 신규 비즈니스를 개척해 왔다. 무척 힘들 때도 많았지만 지금은 지나간 모든 시간이 아름다운 추억과 보람으로 남아 있고, 함께 고민하고 도와주신 모든 분들이 너무나 고맙기만 하다. 삼성에서 만난 정말 뛰어난 직장 상사, 동료 및 후배, 다양한 교육 프로그램 그리고 글로벌 고객과의 만남, 이 모든 것이 모여 나의 회사 생활의 베이스와 골격을 형성했다.

이 책은 특히 회사 생활을 새롭게 시작하려고 하는 예비 취업 준비생을 포함한 비즈니스맨을 위해 썼다. 그들이 앞으로 멋진 성공 미래를 개척하기 위해 가져야 할 바람직한 마음가짐과 자세에 초점을 맞춰 구성했다. 실제 대부분 삼성에서 임원으로 근무할 때 직원들에게 많이 들려준 얘기를 중심으로 정리하였다.

특히 리더십과 관련한 내용은 크든 작든 조직의 책임을 맡고 있다면 본인의 리더십을 스스로 다시 한번 돌아본다는 측면에서 일독을 권하고 싶다.

'초일류 기업에서 최고의 경쟁력을 가진 사람은 어떤 사람일까?'

30년 조직 생활을 하면서 늘 고민한 화두였다. 나의 결론은 바로 '함께 일하고 싶은 사람'이다. 이를 위해서는 조직인으로서의 기본 마음가짐과 자세(attitude)가 무엇보다도 중요하다. 함께 일하고 싶은 사람은 자기 스스로 최선을 다해 끊임없이 실력을 쌓아 앞으로 나아가면서도 항상 남을 먼저 배려해 주는 사람이며, 그가 바로 **'진정한 프로'**이다. 이 책이 멋진 비즈니스 생활을 꿈꾸는 모든 분들에게 조금이라도 신선한 자극이 되고 도움이 된다면 그것은 나의 특별한 기쁨이요, 보람이다.

이 책이 나오기까지 도와주신 삼성의 훌륭하신 선후배님과 누구보다 언제나 나를 사랑하고 믿어 준 우리 가족에게 진심으로 고마움을 표하고 싶다. 그리고 흔쾌히 나의 원고를 받아 주신 북랩 출판사에도 감사를 드린다.

이제 나는 새로운 인생 제2막을 시작한다. 무엇을 하든 세계 최고를 지향하면서 스스로에게 최선을 다하고, 항상 주위를 돌아보고 감사하는 마음으로 살아가려고 한다. 모든 것이 은혜이다. 늘 보은하면서 살고 싶다.

2020년 10월
삼성창업지원센터 사무실에서
김종신

◆ 차례 ◆

◆ 1장 ◆
경영이란 무엇일까

◆ 2장 ◆
시작하는 프로는 이렇게 일한다

◆ 3장 ◆
성장하는 프로는 이렇게 일한다

◆ 4장 ◆
리더가 된 프로는 이렇게 일한다

◆ 5장 ◆

진정한 프로는 이렇게 일한다

◆ 6장 ◆

프로는 가장 소중한 것을 놓치지 말아야 한다

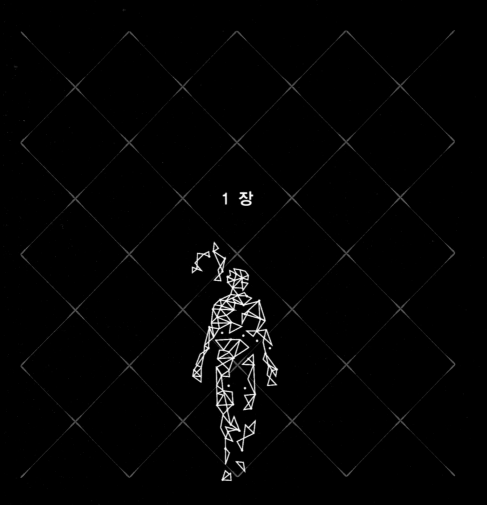

1 장

경영이란 무엇일까

기업은 움직이는 자전거

기업은 살아 있는 생명체요, 움직이는 자전거이다. 비록 앞에 절벽이 있더라도 계속 페달을 밟지 않으면 안 된다. 기업에 있어 현상 유지는 정체가 아니라 퇴보다. 배는 항구에 있을 때 가장 안전하다. 그러나 배의 목적은 항구에 있는 것이 아니다. 기업을 망하게 하려면 그냥 가만있으면 된다. 고인 물은 반드시 썩기 마련이기 때문이다. 그런데 열정과 정성을 다해 계속 페달을 밟다 보면 진리의 축복인지 몰라도 끝이라고 생각했던 그 절벽 옆에 또 다른 새로운 샛길이 나오고 다시 앞으로 나아갈 수 있게 된다. 세상의 진리는 최선을 다해 살아가는 자를 절대로 버리지 않는다.

해마다 연초가 되면 많은 회사 대표들의 신년사 서두에 빠지지 않는 것이 올해는 경영 환경이 어려워 위기라는 표현이다. 매년 들으면 양치기 소년의 반복되는 거짓말처럼 느껴져 대수롭지 않게 받아들여지지만, 실제 우리는 매년 위기에 직면해 있고 또 그것을 헤쳐 나가야만 하는 것이 기업의 숙명이고 현실이다. 이때 중요한 것은 공포의식이 아니라 '진정한 위기의식'을 가지는 것이다. 진정한 위기의식은 강력한 경영 추진력과 위기 대응력의 기본 바탕으로 작용하기 때문이다.

1997년 제2창업을 계기로 선언한 삼성의 신경영도 그 배경에는 절박한 위기의식이 자리하고 있었다. 당시 겉으로 보기는 잘 굴러가는 것처럼 보이지만 앞으로의 치열한 글로벌 경쟁 속에서 살아남기엔 우리가 가진 기술과 역량이 턱없이 부족하고 우리에게 남겨진 시간이 그리 많지 않다는 절박한 내부 반성과 위기의식이 있었다. 그로 인해 결단을 내려야 할 상황이라고 판단한 이건희 회장은 신경영을 추진하며 "등에서 땀이 흐를 정도로 절박한 위기감을 느껴 왔으며 잠을 제대로 이루지 못했다"라고 얘기했다. 기업은 잘 굴러갈수록 해이해지기 쉬운데 이럴 때일수록 자만하지 말고 더 조심하며 글로벌 경제 흐름 등 경영 환경의 변화에 대해 늘 공부하고 예의 주시해야 한다. 되돌아보면 우리나라는 1997년 IMF 위기, 2008년 글로벌 금융 위기, 2018년 무역과 금융 복합 위기 등 여러 위기에 직면했었고 이를 잘 극복해 왔다. 건전한 위기의식은 조직 변화의 중심이며 출발점이다. 따라서 위기의식을 조직 전체의 DNA, 즉 자연스러운 조직 문화로 구축할 필요가 있다.

세계 굴지의 기업도 한순간의 방심으로 그냥 날아간다.
부동의 휴대폰 세계 1위 기업 노키아(Nokia)도 비대해진 조직과 안일한 시장 대응으로 14년 아성이 하루아침에 무너졌다. 노키아의 몰락은 그 어떤 기업도 위기의식 없이 방심하면 어느 날 조용히 사라

질 수 있음을 극명하게 보여 주는 사례다.

100년의 역사를 자랑하던 코닥(Kodak)도 마찬가지이다. 한때 '코닥은 곧 필름'이라고 할 정도로 기세등등하면서 세계 시장을 주름잡았지만, 디지털카메라의 등장과 휴대폰 카메라의 시장 확산으로 어느날 파산해 버렸다. 기업의 글로벌 경쟁 세계는 그만큼 혹독하고 냉정하다. 긴장을 조금만 놓으면 역사의 뒤안길로 사라진다.

경영은 종종 굴렁쇠에 비유되기도 한다. 굴렁쇠는 속도와 균형을 잘 맞추어야 제대로 굴릴 수 있다. 이때 굴리는 땅(시장 환경)도 보고 앞(현재)도 보면서 멀리(미래)도 보아야 한다. 따라서 기업은 속도와 균형을 맞추어 가면서 계속 성장·발전해야 한다.

중요한 기업 회계 원칙 중 '계속 기업의 원칙(going-concern)'이라는 것이 있다. 이는 기업이란 내년에도, 내후년에도 지속적으로 성장·발전하는 것을 전제로 하는 존재임을 방증하는 것이며 또 한편으로는 기업의 존재 이유이기도 하다. 경영 환경이 어려워지면 많은 회사와 조직에서 리스트라(restructuring) 한다는 얘기를 매스컴을 통해 자주 접한다. 조직의 성장이 멈추어 급여를 받지 못하거나 근무할 자리가 없어지는 것을 반길 조직원은 세상에 없다. 기업은 영속하고 싶지만 현실은 냉혹하다.

실제 통계청에서 2017년에 발표한 자료에 의하면 우리나라에서 30년 이상 장수한 기업은 전체 기업 수(약 63만 개)의 1.9%(1.2만 개)로 매우 적은 편이다. 1896년 창업한 두산에 이어 동화약품, 신한은행 등

소수의 기업만이 장수 기업으로서 오랜 전통과 그 명맥을 이어가고 있다. 달리 얘기하면 그만큼 오랫동안 기업을 지속하기가 어렵다는 뜻이다.

기업이 계속 살아서 움직이지 못한다면 그 조직의 경영자는 이 사회에 윤리적인 죄를 범하는 것이 된다. 파산한 기업의 직원과 가족, 그리고 협력 업체와 파트너 등등 이해 관계자 모두에게 엄청난 피해를 끼치는 것이다.

다른 나라에는 100년을 넘는 장수 기업이 꽤 많다. 특히 장수 기업을 일종의 사회적 자본으로 자랑스럽게 생각하는 일본과 독일에서는 더욱 그러하다.

일본의 경우 100년을 넘긴 장수 기업이 3,000개가 넘는다. 일본을 방문해 보면 에도 시대부터 내려온 몇백 년의 전통을 가진 기업(老鋪, 시니세)들을 쉽게 접한다. 몇 대의 가업을 이어 온 이 회사의 경영자들은 대부분 선대의 전통과 뿌리를 중요시하며 프라이드가 무척 강하고 사회적으로, 경제적으로도 높은 존중을 받는다. 하지만 우리나라는 1백 년 넘은 기업이 고작 10개 미만에 불과하다. 이제 우리나라의 기업도 100년 기업, 200년 기업을 목표로 나아가야 한다. 아니, 지속 가능 기업은 지구가 존재하는 한 영원히 계속 성장·발전해 나가야 한다. 불가능해 보일지라도 경영의 페달을 계속 밟고 또 밟아야만 한다. 경영은 지속 가능한 미래를 위한 현재진행형이기 때문이다.

경영은 사람^{man}과 타이밍^{timing}

조직에서 어떤 일을 맡겨 보면 같은 일인데도 A 직원은 해내고, B 직원은 해내지 못하는 경우가 종종 있다. 결국은 사람 문제이다. 아무리 어려운 일이라도 그것을 반드시 해내겠다는 의지와 열정으로 충만한 사람은 반드시 그 일을 해낸다. 인사가 만사이고 사람이 가장 큰 보배이며 최고의 경영 자원이다.

'인재제일'은 삼성 창업자의 핵심 경영 이념 중 하나이다. '어떻게 인재를 확보하고 관리·육성할 것인가'가 핵심 포인트이다. 조직의 성패는 결국 사람에 달려 있다. 그러면 기업의 진짜 인재는 과연 누구인가. 인재에 대한 다양한 시각이 존재하지만 어느 CEO는 '기업에서 인재란, 똑똑한 사람보다는 자신의 업무에 열정을 갖춘 우직하고 믿음이 가는 사람'이라고 얘기한다. 100% 공감이다. 실력도 중요하지만 그보다는 품성, 태도, 열정, 인간성을 갖춘 사람이 진정 조직의 핵심 인재다. 실력은 필요조건인 반면, 품성은 충분조건이다.

인재는 선천적으로 타고나기도 하지만 전략적인 육성으로도 충분히 키울 수 있다. 즉, 리더의 의지와 개개인의 노력이 합쳐져 얼마든지 더 나은 인재로 성장·발전할 수 있다. 리더는 조직원의 현재 능력뿐만 아니라 미래 가능성까지 포함하여 최대한 계발할 수 있도록 지원해 줄 필요가 있다. 대부분의 조직원은 자신이 담당하는 업무를 통해 실질적으로 성장하게 된다. 따라서 체계적인 인재 육성과 조직의 높은 성과 창출을 위해서는 '적재적소(適材適所)'의 배치가 무엇보다 중요하다. 사람마다 각자의 능력과 장단점이 다르기 때문에 이를 적절히 활용하여 개인의 성장은 물론 조직의 최대 성과를 창출해야 한다. 경영자는 오케스트라의 지휘자와 같다. 훌륭한 지휘자는 오케스트라를 구성하는 다양한 악기의 전문 연주가를 최대한 활용하여 최고의 콘서트가 되도록 유도해야 한다. 그러나 아무리 훌륭한 오케스트라 단원일지라도, 연주를 잘하다가 실수하여 잡음을 내는 경우가 있게 마련이다. 하지만 인내하며 가르치고 키우고 또 키워야 한다. 실제 적재적소 경영을 위한 효율적인 방법 중 하나는 조직원의 의사를 최대한 반영하여 업무를 배치시켜 주는 것이다. 조직을 운영하다 보면 여러 여건상 직원들의 배치 요청 의견을 전적으로 받아들이기 어려울 때도 많은 것이 사실이지만 가능한 한 본인이 원하는 업무로 배치해 주었을 때 가장 효율이 높고 불만도 최소화된다. 급여는 쉽게 올려 줄 수 없더라도 조직이 허용하는 범위 내에서 하고 싶은 일을 하도록 해 주자. 조직의 생산성은 올라갈 것이고 조직원은 동기를 찾을 수 있을 것이다. 이는 곧 효율적인 인재 육성 방법이 된다.

비즈니스는 또한 타이밍이다. 타이밍은 시간과의 싸움이며 시간은 곧 돈이다. 기업에서는 특히 경쟁사보다 우수한 신제품을 시장 상황에 맞추어 출시해야 한다는 미션하에 개발 기간의 단축, 고객이 원하는 적시 공급 등 매일매일 시간과의 전쟁을 벌이고 있다. 오늘날 우리를 둘러싸고 있는 경영 환경은 너무나 급변하여 때때로 숨이 막힐 정도이다. 기업의 스피드 경영이 강조되면서 급기야 '마하 경영'이라는 용어까지 나왔다. 그런데 이때 중요한 것은 스피드 자체보다도 최적의 타이밍을 찾아야 한다는 것이다. 비즈니스 세계에서는 너무 빨라도 너무 늦어서도 안 되며, 적기·적시의 판단을 요구한다. 결국 경영 의사 결정의 성공과 실패는 타이밍을 잘 맞추는 것에 달려 있다고 해도 과언이 아니다.

성공적인 경영을 위해서는 시간 관리의 주인공이 되어야 하며 이를 위해서는 미리 준비하는 '선행관리'가 필수적이다. **시대 흐름을 사전에 예측하고 준비하는 사람은 성공의 티켓을 선주문(preorder)하는 것과 같다.** 환경과 시대의 변화 그리고 경쟁 상황과 고객의 니즈를 먼저 읽고, 미리 준비하고 있다가 결정적인 순간에 자신이 준비한 카드를 써서 비즈니스를 성공으로 이끄는 묘미를 맛보아야 진정한 경영자라 할 수 있다.

혹자는 요즘같이 급변하는 시대에는 변화에 대한 예측이 불가능하며 의미가 없다고 주장하기도 한다. 얼핏 보기에는 그럴듯하나 실제론 전혀 그렇지 않다. 예를 들어 보자. 최근의 비즈니스 키워드는 빅 데이터(Big Data), 클라우드, 모빌리티(Mobility), 인공지능(AI), 사물 인터넷(IoT) 등등이다. 이런 흐름을 미리 철저하게 준비한 글로벌 기업들은 하나같이 실적과 주가(株價) 모두 계속 고공 행진을 하고 있다. 많은 기업들이 몇 년 전에 이미 앞으로 5G 시대가 도래할 것이라고 예측했다. 그러나 진정한 5G 시대를 선행적으로 철저하게 준비한 우리나라 기업이 과연 얼마나 있을까 의문이다. 비즈니스 세계에서는 말과 분석에 그치는 건 아무런 의미가 없다. 직접 실행에 나서야만 살아 있는 경쟁력을 갖게 된다. 이제는 변화의 단순한 추종자가 될 것이 아니라 변화를 리드할 수 있도록 선도적으로 예측하고 준비하고 대비해야 한다. 기업의 규모와 업종에 관계없이 자신의 업의 특성에 맞는 선행적 준비를 주도적으로 하고 반드시 실행하는 기업만이 '지속적 존경 기업'의 영예를 가질 수 있다.

비즈니스는 오늘이 있어야 내일이 있다

　비즈니스는 현실이다. 다시 말해 회사는 기본적으로 돈을 벌어야한다. 미래의 꿈만 가지고는 결코 이룰 수 없다. 반드시 두 발을 바닥에 디디고 미래를 내다봐야 한다. 집 앞의 풀을 먹으면서 몽골의 초원을 얘기해야 하며, 집토끼를 키우면서 산토끼를 잡아야 한다. 조직을 운영할 수 있는 기본 숫자를 만들지 못하면서 앞으로 돈 벌수 있다고 장밋빛 미래만을 주장한다면 조직 내에서 큰 힘을 받기가 어렵다. 오늘의 숫자를 만들지 못하는 비즈니스는 더 이상 의미가 없다. 그래서 비즈니스가 어려운 것이다.

　중소기업이나 대기업이나 공통적으로 중요한 것은 조직 내 신뢰를 확보하는 것인데, 그러려면 작게 시작하여 신속하게 의미 있는 성공사례를 만들어 보여 주면서 이를 기반으로 다음 단계로 확산하는 것이 바람직하다.

　많은 기업의 경영자가 원하는 전략이 바로 '단계별 전략'이다. 단계별 전략의 숨은 뜻은 리스크를 최소화하고 싶다는 것이다. 크든 작든 리스크가 있는 결정은 의사 결정자가 두려워하는 것이다. 이것이 조직의 본질적 속성이다. 의사 결정자의 마음을 편안하게 해 주고 다음 단계로 신속히 넘어가기 위해서는 오늘 작은 성공을 보여 주면서 신뢰를 확보하고 신속히 단계별 확대 전략을 구사해야 한다. 이 전략은 특히 규모가 큰 기업에서 유용하다. 미래에 대한 투자를 제대로 받기 위해서는 현재 시점에서 반드시 실적을 내야 하며 그것을 가지고 설득해야 한다. 물론 미래 준비를 위한 전략적·선행적 투자도 당연히 해야 한다. 단지 중요한 것은 반드시 현실에 뿌리를 둔 확대여야 한다는 것이다.

삼성 휴대폰용 앱(application)의 장터(marketplace)를 제공하는 에이 프로젝트(A-Project) TF(Task Force)를 담당했을 때의 일이다. 경쟁사와의 격차가 상당한 시점에서 후발 주자로서 추격을 해야 했기에 전담 TF를 구성하여 열심히 달렸다. TF 활동 중간 단계에서 진행 현황과 향후 계획을 보고하는 시간이 있었다. 이때 나는 단계별 전략의 필요성과 향후 추진 방향을 제시하는데, 처음부터 글로벌로 동시에 전개하기보다는 해외 주요 몇 개국을 시험적으로 추진해 본 다음 문제점과 이슈를 완벽하게 해결한 후 그 바탕 위에서 글로벌로 확대 추진하는 것이 바람직하다는 내용의 보고를 올렸다. 이 단계별 추진 전략이 회사에서 채택이 되어 사업 추진에 필요한 인력도 신속하게 지원받을 수 있었다. 조직에서 신뢰를 얻게 되면 투자는 자동적으로 이어진다. 조직은 신뢰할 수 있는 사람에게 투자하는 속성이 있기 때문이다.

또한 비즈니스 세계에서는 '주(主)'와 '객(客)'을 명확히 구분해야 한다. 껍데기는 순간이고 알맹이가 본질이다. 한때 우리나라의 많은 기업들이 유행처럼 추진했던, 업무 효율화의 대명사처럼 보였던 각종 경영 기법, 예를 들면 전사적 품질관리(TQC), 6시그마, 프로세스 혁신(process innovation), 벤치마킹 등을 이제는 겸허히 되돌아볼 필요가 있다. 기업에서 경영 기법은 모두 '주'가 아니라 '객'이다. 다시 말해 경영 기법은, 회사가 돈을 벌어야 한다는 주목적을 달성하기 위한 하나의 툴(tool)에 불과하다. 그런데 회사 생활을 하다 보면 경우에 따라서는 경영 기법 자체가 하나의 목적처럼 등장하여 개선의 이기(利器)가 아니라 흉기로 등장하는 경우도 많이 있다. 모든 일은 본질을 파악해야 한다. 비즈니스의 핵심과 본질은 '지속적인 이윤 창출'이다. 비즈니스는 숫자 그 자체가 본질이며 주인공이며 전략이며 성과물이다. 그런데 돈은 우리의 기대와는 달리 결코 쉽게 벌리지 않는다. 실제 돈 벌기가 너무 쉬우면 재미도 없다.

비즈니스 세계에서는 돈이라는 수익을 내기 위해 다양한 마케팅 전략, 제품 전략, 사업 전략 등을 수립한다. 그런데 전략 또한 목표가 아니라 돈을 벌기 위한 수단이다. 기업 조직 내 모든 경영 활동의 가치를 평가할 때 판단 기준이 되는 것은 결국 '돈을 벌 수 있는 액션인가. 그것에 얼마나 기여를 하는 것인가. 그리고 돈을 벌기 위한 가장 효율적인 방법인가, 즉 ROI(Return On Investment)를 고려한 의사 결정인가' 하는 점이다.

이런 맥락에서 보면 기업 내부에 많은 비효율이 존재하는 것이 사실이다. 진정한 기업의 경쟁력 확보를 위해서는 조직의 비효율을 최소화하고 조직원 전체의 액션을 철저하게 이윤 창출에 맞추는 것이 중요하며, 조직원 스스로도 각자가 하는 일이 조직의 목표 달성에 얼마나 기여하는지 늘 스스로 자문해 보아야 한다.

기업의 이윤 창출은 두 가지 방법밖에 없다. 그것은 매출 확대와 비용 절감이다.

먼저 매출 확대를 위해서는 많이 팔아야 하고 뛰어난 제품으로 제품 단가를 높여야 한다. 이것은 고객 공감과 만족을 기본 전제로 함은 말할 필요도 없다. 내부적으로는 가능한 한 비용을 줄이면서 원가 경쟁력을 높여야 한다. 경우에 따라서는 원가가 올라가더라도 매출을 올리는 전략적인 투자 판단도 해야 한다. 여기에서 중요한 포인트는 조직원의 철저한 '원가 의식'이다. 자신의 행동은 물론 조직의 여러 움직임 하나하나가 얼마만큼의 조직의 원가를 늘리고 있는지 늘 체크하고 점검해야 한다. 예를 들어 우리가 지금 하고 있는 회의의 비용은 얼마인지, 이번 보고서는 얼마짜리인지, 마케팅 투자 대비 효율은 어느 정도인지 등등 조직의 각 부문의 경영 활동에서 발생하는 비용 대비 성과 ROI를 꼼꼼히 측정해야 한다. 특히 리더라면 자신이 관리하고 있는 조직의 토탈 운영 비용을 언제나 파악하여야 하고, 그 비용 대비 최소 10~20배 이상의 성과를 내야만 가치 있고 의미 있는 조직으로 인정받을 수 있다.

비즈니스의 본질은 오늘 돈을 벌면서 늘 내일을 준비하는 것이다.

만족에서 감동으로

고객은 냉정하고 이기적이다. 달면 삼키고 쓰면 뱉는다.

고객은 착한 사람의 편이 아니라 잘하는 사람의 편이다. 영원한 고객은 없다. 언제나 고객의 변심은 가능하다. 그렇다고 고객의 변심을 탓해선 안 된다. 고객 변심의 원인 제공자는 바로 우리이기 때문이다. 고객은 제품과 서비스를 제공해 주는 회사의 사정에는 별 관심이 없다. 하지만 우리는 늘 고객의 움직임을 주시해야 하고 잠재적인 욕구까지 찾아내어 만족시켜야 한다. 왜냐하면 우리의 월급은 사장이 아니라 고객이 주고 있기 때문이다. 고객 본질의 이해와 지속적인 고객 만족 활동이야말로 경영의 본질이자 핵심이다.

우리나라에서 어느 정도 규모 있는 기업치고 사훈이나 경영 방침으로 '고객 만족'을 내걸지 않은 경우가 드물다. 하지만 구호성 장식이 아니라 과연 진정으로 고객 만족을 실현하고 있는가를 겸허히 돌아볼 필요가 있다. 글로벌 리딩 기업도 예외는 아니다. 애플의 스티브 잡스는 "고객의 근본적인 욕망을 해결해라"라면서 직원들에게 고객 만족을 강하게 주문했고, 아마존의 제프 베조스는 "고객에게 집착해야 한다"라고 주장하기까지 했다. 좋은 아이디어는 높은 사람과의 미팅에서는 잘 나오지 않는다. 고객들과 가까운 사람에게서 나온다. 늘 고객과 접촉하면서 진정으로 고객의 목소리에 귀 기울여야 한다.

B2C(Business to Consumer) 시장에서는 고객이 개인이지만, B2B (Business to Business) 시장에서는 기업이 주요 고객이다.

나의 B2B 고객 감동 사례 중 잊을 수 없는 얘기가 있다.

2000년 일본에서 주재원으로 근무할 때의 일이다. 회사에서 신규 사업으로 TFT LCD 유리에 투명 전극을 형성하게 해 주는 타깃 (Target) 사업을 검토한 적이 있었다. 당시 우리나라의 기술이 부족해서 조기에 안정된 사업을 추진하기 위해서는 선진 일본 업체로부터 기술 도입을 해야 하는 상황이었다. 시장 조사 결과 일본의 S사의 보유 기술에 주목하게 되었고 곧바로 접촉을 시작하였다. 그런데 일본 기업에서는 기술 유출의 우려로 초기에는 미팅 약속조차도 잡기가 쉽지 않았다. 하지만 여러 우여곡절 끝에 일본 회사의 대표가 일단 한국 당사를 방문하는 데까지는 설득이 되었다. 하지만 최종 추진 여부는 아직 미지수였고 일본 회사의 대표 포함 실사단이 한국을 방문해 보고 나서 최종 결정하겠다는 입장이었다.

지금부터 본격 승부라고 판단하고 삼성의 놀랄 만한 숨은 역량을 보여 주고 싶었다. 한국 본사와 사전 준비와 대응책을 세밀하게 챙기고 또 챙겼다. 먼저 일본에서 한국으로 고객이 이동할 수 있도록 특별히 회사 전용기를 준비했다. 지금도 그러하지만 20년 전 외국 거래선의 한국 방문을 위해 전용기를 내어 주는 것은 상당한 파격이었다. 활주로 이용에 제한 시간이 있어 아침 이른 시간에 일본의 나리타 공항을 출발하였고 서울에 도착하여 곧바로 사전 미팅을 가졌다. 분 단위로 동선을 체크하고 준비하는 것은 물론 대화 화제, 토의 내용 등을 사전에 철저히 준비했다. 일방적 기술 도입이 아니라 양사가 윈윈(win-win)할 수 있는 공동 사업 형태를 제안하면서 일본 기업이 가지게 되는 메리트를 집중적으로 부각시키고 논리적으로 설득했다.

그리고 다음 날은 기술 도입이 성사될 경우 실제 공장이 건설될 부지가 있는 구미 사업장을 방문할 예정이었다. 당시 서울에서 구미로 이동하는 방법은 세 가지였다. 첫째 승용차, 둘째 새마을호 기차(당시에는 KTX가 없었음), 그리고 셋째가 헬리콥터였다. 이 세 가지 경우를 모두 준비해 놓은 뒤 날씨 상황을 보고 최종 결정하기로 하였다. 당일 날씨가 약간 흐리고 바람이 꽤 불었지만 다행히 헬기로 이동이 가능하다는 연락을 새벽에 총무과장으로부터 받고, 숙소인 호텔에서 잠실 헬기 이착륙장으로 이동하여 헬기를 탔다. 당시에 헬기는 주로 경부고속도로 위로 비행했는데 가는 도중 기흥에 있는 삼성 반도체 공장이 한눈에 들어왔다. 그곳을 가리키며 삼성이 보유하고 있는 세계 최고의 반도체 기술 경쟁력을 강조했는데, 일본 회사의 대표는 삼성의 힘에 깜짝 놀라는 눈치였다. 왜냐하면 반도체 사업도 어떻게 보면 일본과 미국 기업이 석권하고 있던 상황을 나중에 등장한 삼성이 뒤집은 분야이기 때문이다. 50분 남짓 비행 후 구미 공장에 도착했다. 마침 회사 공장 내 헬기 착륙장이 있어서 별도 이동 없이 곧바로 공장 안으로 착륙하게 되었고, 미리 대기하고 있던 공장장 이하 환영 인파 100여 명이 환영 플래카드를 들고 열렬히 반겨 주었다. 이후 공장 내 검토 부지의 안내 및 레이아웃 계획 설명을 진행하면서 완벽한 삼성의 준비 상황을 강조하였고, 실사단에게 있는 그대로의 우리의 역량을 보여 주었다. 그날 밤 서울로 돌아와 우리 회사의 대표와 함께 가진 저녁 식사 자리에서 일본 회사 대표는 이렇게 말한다.

"저의 비즈니스 40년 인생에 이번 삼성 방문만큼 인상적인 출장은 없었습니다. 저는 정말로 삼성에 감동했고 삼성과 함께 비즈니스를 하고 싶습니다."

진실로 고객 감동의 승리였다.

그런데 고객은 외부 고객만 존재하는 것은 아니다.

성공적인 비즈니스를 위해서는 외부 고객을 챙기는 게 기본이지만 상사, 동료, 직원 등 조직 내부 고객도 매우 중요하다. 상사에게 보고를 잘하는 사람이 외부 고객 앞에서 프레젠테이션도 잘한다. 동료와 부하 직원에게 따뜻한 배려를 할 줄 아는 사람이 실제 고객 만족 활동도 잘하는 소중한 인재가 될 가능성이 높다. 우리 속담에 '집에서 새는 바가지는 밖에서도 샌다'라는 표현이 있다. 사내에서 제대로 내부 고객을 만족시키지 못하는 직원이 실제 고객 앞에서 잘할 리가 없다. 따라서 사내에서 업무를 통해 또는 인간관계를 통해 충분히 고객 만족의 연습과 훈련을 게을리하지 말아야 한다.

외부, 내부 관계없이 고객 감동은 고객 기대 이상의 제품과 서비스를 제공해야만 가능하며 이는 절실한 노력과 열정 없이는 어렵다.

진정 글로벌 넘버원이 되기 위해서는 이제 우리는 고객 만족에서 고객 감동으로 한 단계 레벨 업 되어야 한다. 지난(至難)한 과제이지만 현재 나타난 고객의 요청 사항(needs&requirements)은 물론 잠재해 있는 욕구까지 찾아내 선행적으로 준비하고 대응해야 한다. 그러나 말이 쉽지 아무나 할 수 있는 것이 아니다. 철저한 고객 감동 노력을 통해 2위와 엄청난 초격차를 만들 수 있고 확실한 상대적 경쟁 우위를 점유할 수 있다. 진정한 고객 감동은 말이 아니라 구체적인 실천을 통해 실현된다.

감동은 마음을 움직이는 것이다. 진정한 고객 감동은 고객 만족의 최상위 개념이다.

업業의 개념

　삼성의 내부 경영 용어 중 '업(業)의 개념'이라는 것이 있다. 이는 회사의 목적, 존재 양식, 영업 성패의 요건 중 핵심 또는 본질을 지칭하는 삼성 신경영의 핵심 용어이다. 즉, 업의 개념은 자신이 수행하고 있는 사업의 본질과 특성을 제대로 알고 사업에 임하자는 것이다. 좀 더 구체적으로 나누어 보면, 업의 본질은 시간이 흘러도 변하지 않는 그 업의 기본 가치를 의미하는 반면, 업의 특성은 경영 환경이나 시대의 변화에 따라 변하는 업의 속성을 말한다.

　실제 삼성그룹에서는 많은 최고 경영진들이 자신이 맡고 있는 사업의 업의 개념에 대해 깊은 고민을 했고 각자의 방식으로 업의 개념을 정리했다. 예를 들어 유통업은 '종합생활 문화 사업', 보험업은 '지식 사업', 백화점은 '좋은 입지가 중요한 부동산업' 등이 그것이다. 이것이 맞았는지 틀렸는지는 중요하지 않으며, 사업 책임자의 고민과 사업 구상에 따라 다양하게 업의 개념을 정의 내릴 수 있다는 사실이 중요하다. 결국 업의 개념에 대한 깊은 성찰은 빠르게 변하는 경영 환경에서 자신이 담당하는 사업에 대한 본질적 속성과 업의 특성을 정확하게 파악함으로써 자신의 사업에 맞는 사업의 비전과 의사 결정을 해 나가는 토대를 제공해 준다.

1993년 삼성의 일본 지역 전문가로서 일본에 파견되었을 때 와세다(早稻田) 대학의 경영전략 과정을 6개월간 이수한 적이 있었다. 수강생은 주로 일본의 정부 기관이나 주요 기업에서 파견 교육을 받는 사람들이었다. 수업 과목 중의 하나로 사례 연구(case study)가 있었는데 어느 수업 시간 날 '미국 항공 회사인 노스웨스트항공(NWA) 사업의 부진 원인과 대응'이라는 사례를 가지고 분석하고 집중 토론하는 시간을 가졌다. 나는 이때 삼성식 업의 개념을 소개하면서, 이 회사의 핵심 부진 원인은 경영진이 업의 개념을 정확하게 파악하지 못한 점이라고 지적하였다. 함께 수업에 참가한 일본 비즈니스맨들은 생소한 '업의 개념'에 대해 듣고는 모두들 의아해했다. 이들에게 나는 항공 사업이 성공하려면 항공 사업 자체의 본질과 특성인 업의 개념을 정확하게 이해하는 것이 필수적이라고 하면서, 항공 사업의 업의 개념은 '떠 있어야 하는 사업'으로 정의했다. 따라서 항공 사업이 성공하려면 회사 경영을 '항상 떠 있게 해야 한다'라는 측면에 초점을 맞추어야 한다는 논지에서 가능한 한 운영 가동율, 즉 비행을 최대화함으로써 매출 극대화 및 운영 비용 최소화를 이루어야 수익 체계를 개선할 수 있다고 강조했다.

그리고 이런 측면에서 항공 사업은 유사한 업의 개념을 가진 해운 사업을 적극 벤치마킹할 필요가 있다고 주장했다. 당시 일본 교수님 이하 동료 수강생들로부터 신선한 삼성식 접근 방법이라고 높은 평가를 받았다.

30년간 삼성에서 근무하며 모바일 B2B 사업, 일본에서의 벤처 사업, 온라인 게임서비스 사업 등 다양한 신규 사업을 리드해 보았는데 그때마다 내가 담당하는 사업의 본질과 특성, 즉 업의 개념은 과연 무엇인가를 화두로 놓고 고민하면서 사업 성공의 맥을 잡을 수가 있었다. 특히 글로벌 시장에서 치열하게 경쟁하는 모바일 B2B에 대한 업의 개념 정립을 통해 기존의 B2C 사업과는 전혀 다른 새로운 접근을 하게 되었다.

'모바일 B2B 사업'에 대한 업의 개념 정립 사례

먼저 모바일 B2B 사업의 특징을 풀어 헤쳐 보면 다음과 같다.

1. B2B는 머리를 써야 되는 비즈(biz), 즉 Brain to Brain이다.
2. B2B는 과학(science)이 아니라 기술/예술(art)이다.
3. B2B는 딜 베이스 비즈(deal based Biz)이고, B2C는 매스 비즈(mass biz)이다.
4. 기업(enterprise) 고객은 솔루션과 서비스를 연계한 지속적 반복(repeat) 비즈이다.
5. B2B는 풀(pull) 영업이고, B2C는 푸시(push) 영업이다.
6. B2B 솔루션은 고객의 문제를 파악하고 제안하는 문제 해결(problem solving)이다.
7. B2B는 비즈 모델(biz model)과 가치 창출(value creation)을 통해 이윤(profit)을 추구하는 것이다.
8. B2B는 고객의 요구사항 파악과 지속적 관계 구축이 핵심이다.

결국 모바일 B2B 사업이란, '고객의 요구사항에 대응하는 통합 솔루션 비즈(total solution biz)로서, 지속적 관계와 서비스를 통하여 반복적인 거래 형태를 유지하는 사업'으로 정의된다.

여기에서 사업의 중요한 키워드가 나온다. 핵심 키워드는 고객 요구사항(requirements), 통합 솔루션(total solution), 반복(repeat)인데 이것이 바로 B2B사업의 핵심 포인트이고, 이를 어떻게 관리하느냐에 따라 결국 사업의 승패가 좌우된다.

업의 개념은 사업에만 국한되지 않는다. 자신이 수행하고 있는 업무에서도 업의 개념이 무엇인가 자문해 볼 필요가 있으며, 이럴 경우 자기 업무의 핵심 관리 포인트가 선명하게 보이기 시작한다.

사업보국

　지금은 조금 바뀌었지만 내가 삼성그룹에 입사한 1989년 당시 삼성의 경영 이념은 창업자 호암 이병철 회장이 만든 '인재제일, 합리추구, 사업보국'이었다. 나는 이 중에서 유난히 사업보국(事業報國)이 마음에 들었다. 사업보국이란 글자 그대로 사업을 통해서 나라에 보답하고 공헌한다는 뜻이다. 이 얼마나 숭고한 경영 이념인가. 핍박받은 일제 시대, 해방 후 혼란한 국내 상황, 참혹한 6·25 전쟁을 겪으면서도 나라를 위하는 기업가가 되겠다고 스스로 의지를 다지면서 끊임없는 신규 사업의 전개, 그리고 그 많은 주위의 반대를 무릅쓰고 미래 전자 산업의 쌀인 반도체 사업에 대한 천문학적 투자 의사결정은 이 나라의 미래를 위한 그분의 고뇌 없이는 불가능했다고 본다. 20대에 정미소로 사업을 시작하여 30대에 무역상사인 삼성물산, 40대에 당시 국민들이 절실하게 필요로 하고 수입 대체 효과가 컸던 제일모직과 제일제당, 50대에 세계 최대 비료 공장, 60대에 지금의 대한민국 경제를 이끌어갈 첨단 전자사업, 그리고 마지막 70대에 반도체 사업에 이르기까지 온갖 좌절과 역경의 경영 환경에도 굴하지 않고 사업보국의 일념으로 달려온 그분에게는 저절로 고개가 숙여진다.

나는 큰 애국자는 아니다. 하지만 실제 일본에서 벤처 사업을 시작했을 때와 삼성전자 무선사업부에서 글로벌 기업을 대상으로 B2B 사업을 담당했을 때, 늘 마음 한구석에는 사업보국의 경영 이념이 있었다. 100만 마일리지가 넘는 비행기를 타고 해외 40여 개국 이상을 출장 다니면서 큰 비즈니스 담판을 성공시킬 때마다 나 자신도 사업을 통해 이 나라의 발전에 기여할 수 있다는 뿌듯한 자부심이 지칠 줄 모르는 비즈니스 추진 동력의 하나였다.

해외 출장이나 여행 시 주요 공항에서 자주 보이는 우리나라 주요 대기업의 대형 광고물은, 삼성이나 해당 기업의 직원뿐만 아니라 우리나라 국민이라면 누구나 흐뭇해하고 뿌듯해한다. 삼성의 성장은 삼성만의 성장이 아니라 우리나라 국력의 성장이라고 생각하기 때문이다. 삼성은 이제 국민 기업이며 그 성장에 직간접으로 기여한 우리나라 국민 모두가 함께 키운 기업이다.

최근 국가 경제 상황이 힘들어지면서 기업가 정신의 중요성과 부활이 다시 강조되고 있다. 한 나라의 경제활동의 주체는 크게 '가계', '기업' 그리고 '정부'다. 소비 활동의 주체인 가계(소비자)에 비해, 기업은 재화와 서비스를 생산하는 생산 활동의 주체이자 국가 경제에서 부가가치 창출의 핵심이다. 기업의 경제 활동을 통해 국가 전체의 경제가 발전하게 되고, 가계의 소비에도 영향을 주게 된다. 결국 기업은 국가의 경제를 성장시키는 원동력이자 성장 엔진이다.

기업가 정신이란 여러 어려움과 리스크를 무릅쓰고 새롭게 기업을 일으키고 사업을 혁신하려는 의지와 능력이다. 창의적인 신상품 개발, 끊임없는 기술 혁신, 글로벌 신규 시장 개척 등을 포함하여 기업의 생존과 지속적인 성장은 '살아 있는 기업가 정신' 없이는 불가능하다.

기업은 또한 기업 이익의 사회 환원이라는 형태로도 국가 성장, 발전에 기여한다. 기업은 기본적으로 상품이나 제품을 생산하여 이윤을 창출하는 것을 목적으로 하는 조직이다. 따라서 기업이 차별화된 경쟁력을 확보하여 생산성을 향상시키고, 고용을 창출하여 직원들에게 급여를 주고, 나라에 성실하게 세금을 납부하는 것 자체가 기본적인 사회적 책무이며 이를 통해 사회와 국가에 공헌하게 된다.

부존자원도 부족하고 국토도 작은 우리나라, 역사적으로도 세계 열강의 주변 틈바구니에서 온갖 시련과 어려움 속에서도 힘들게 살아남고 발전해 온 우리나라다. 나는 불멸의 생명력을 가진 우리나라를 사랑한다. 오늘을 살아가는 기업인의 한 사람으로서 늘 세계 최고를 지향하며 어떤 역경의 파도 속에서도 내가 맡은 사업에서 열정과 정성으로 무장하여 최선을 다하고 미래의 인재를 양성함으로써 이 땅에 태어난 국민의 도리를 다하여 이 나라에 보답하고 싶다.

사업보국, 그것은 나 자신에게 있어서 최고의 기업 가치이자 사업의 존재 이유이다.

2 장

시작하는 프로는 이렇게 일한다

먼저 하는 인사가 관계를 기름지게 한다

조직 생활에서 인사의 중요성은 아무리 강조해도 지나치지 않다.

자기가 먼저 건네는 인사는 자기를 낮추고 상대방과 가까워질 수 있는 가장 손쉬운 방법이다. 일상적으로 만나게 되는 아파트 경비원에게도, 건물 청소하시는 분에게도, 자주 가는 식당의 종업원에게도 자기를 낮추고 반갑게 인사해 보라. 그러면 새로운 세상이 열린다. 모든 것이 긍정적으로 보인다. 세상이 내 편으로 다가온다. 그런데 이런 인사를 할 때 한 가지 주의할 점은 반드시 마음을 담아서 해야 한다는 것이다. 즉, 형식적으로 하는 것이 아니라 진정으로 감사의 마음을 담아서 하면 상대방도 반드시 느끼게 된다. 왜냐하면 사람들 사이에는 눈에 보이지 않는 기운이 흐르기 때문이다. 가볍고 따뜻한 말 한마디를 담은 인사는 좋은 기운과 기운과의 만남이고 인간관계 최고의 연결고리다. 진정성이 담긴 인사는 조직의 윤활유이고 인간다움의 가치를 최고조로 올려 준다. 우리는 언제나 먼저 고개 숙일 준비가 되어 있어야 한다.

인사는 자기를 먼저 낮추는 겸손한 마음의 표현이다. 따라서 인사를 잘하는 사람은 누구나 좋아하게 되어 있다.

내가 먼저 다가가 인사하는 것은 인생과 사회생활에서 최고 효율의 투자이다.

나중에 당신이 리더가 된다면, 언제든지 기분 좋게 인사를 받을 준비도 하고 적절한 응대도 하여야 한다. 실제 조직 생활했을 때 많은 직원들로부터 '출근하면서 인사를 했는데 무시를 당했거나 상대방이 잘 받아주지 않았을 때 다음 번 인사하기가 정말 망설여진다'라는 얘기를 많이 들었다. 회사에 조금 늦게 출근했거나 일찍 퇴근하면서 왠지 미안한 감정이 있어 인사를 제대로 못하고 뺑소니 운전자처럼 슬금슬금 사라지는 직원을 먼발치로 쳐다본 경험도 있었는데 썩 유쾌하지는 않았다. 늦었다면 사유를 말하며 양해를 구하면 되고, 하루 동안 열심히 일하고 업무를 끝냈다면 자신 있게 먼저 퇴근하면 된다. 그런 직원에게는 왠지 친근감이 들고 훨씬 더 큰 믿음과 신뢰가 생긴다.

삼성에서 담당했던 조직이 글로벌 정부 기관과 대기업을 주요 대상으로 휴대폰을 판매했던 부서라 여러 국적의 외국인 직원들과 함께 일했다. 그런데 정겹게 건네는 아침 인사를 좋아하는 것은 만국 공통이었다.

미국인이든, 인도인이든, 중국인이든, 영국인이든, 러시아인이든 국적에 관계없이 누구나 좋아하는 따뜻한 인사는 조직의 활력소였고, 인사를 솔선수범했던 나와 진심으로 함께해 주었다.

리더가 되면 가끔은 부하 직원에게 먼저 다가가 인사를 하면서 개인 근황을 물어보고 관심을 보이면 더욱 좋다. 부모님 건강은 괜찮으신지, 아기는 잘 크는지, 새로 입학한 애가 학교는 잘 다니는지, 이사는 잘했는지, 몸은 괜찮은지, 운동과 영어 공부는 잘하고 있는지, 부하 직원이 응원하고 있는 프로 야구팀의 성적은 어떤지 등등을 물어본다. 사소해 보이지만 진심으로 다가가는 인사와 더불어 개인 맞춤형으로 건네는 이 짧은 한마디는 그야말로 조직의 특급 윤활유이다.

오늘부터 감사의 마음을 담아 먼저 다가가 따뜻하게 인사를 건네자. 인사는 우리 몸에 밴 습관이 되어야 한다. 그래야 자동으로 나온다.

내가 조금 손해 보고 남이 잘되게 해 주자

조직 생활을 하다 보면 대부분의 업무가 자기 혼자 끝낼 수 없는 것임을 쉽게 알 수 있다. 특히 조직 규모가 클수록 기능별 조직으로 구성되어 있어 더욱 그러하다. 다시 말해 혼자 완결할 수 있는 업무가 거의 없고 대부분 주위와 관련 부서의 도움을 받아야 한다.

그러면 누가 자기를 도와줄 것인가. 조직에서 업무를 시켜 보면 A와 B 직원의 성과 차이가 확연히 날 때가 많은데 대부분 조직 내 인간관계 능력의 차이에 기인하는 경우가 많다. 그런데 조직에서 인간관계를 좋게 하는 방법은 의외로 간단하다. 공자 말씀처럼 들릴지 몰라도 평소에 자기가 좀 더 손해를 보고 자기보다 남을 더 잘되게 해 주려고 하면 된다. 이것이 변함없는 진리다.

먼저 베푸는 사람이 일시적으로 손해인 듯 보일지 모르지만, 그것은 일종의 보험금이며 나중에 반드시 더 많은 것을 얻을 수 있다. **지금의 삶의 태도(attitude)를 보면 그 사람의 미래가 보인다.** 남을 배려해 주는 사람은 궁극적으로 동료의 힘을 자신의 경쟁력으로 활용할 수 있게 된다.

최근의 조직 내 밀레니얼 세대는 대체적으로 이기적인 경향이 강한 것이 사실이다. 또 그것이 자신의 입장에서는 더 합리적이라고 생각하며 자기가 조금이라도 손해 보는 것은 몸에 경기(驚氣)를 일으키며 싫어하고 거부감을 나타내는 경우도 있다. 그런데 이들은 단기만 보는 어리석은 사람들이다. 왜냐하면 장기적 관점에서는 조직에서 성공하기 힘든 타입이기 때문이다. 조직에서는 꼭 해야 하는 일이지만 누구나 하기 싫은 일이 반드시 존재한다. 이때 자신이 먼저 손을 들고 하겠다고 적극적으로 나서서 그것에 도전해 보라. 일순 손해로 보일지 모르지만 결정적인 순간에 얼마나 큰 자산으로 돌아오는지는 지나가 보면 안다.

신입 사원 때 '부서 야유회' 행사가 있었다. 그런데 행사는 좋지만 정작 누가 준비할 것인가에 대해서 서로들 살짝 눈치 보는 분위기였다. 누가 봐도 업무 외의 일이고 귀찮은 일이었기 때문이다. 하지만 회의 시간에 나는 손을 번쩍 들고 "제가 준비하겠습니다"라고 하며 자원했다. 이 행사의 준비 과정이 그렇게 쉽지 않았고 힘도 들었지만 새로운 업무를 배울 수 있는 좋은 기회가 되었고 팀 내 여러 선배님들과 더 친해질 수 있는 계기가 되었다. 또 조직 내에서 '이 친구 괜찮은 친구네'라는 평가도 점점 쌓여갔다. 실제 대부분의 회사 업무는 프로젝트 관리다. 크든 작든 하나의 프로젝트 책임자가 되어 과제를 관리하는 것이다. 부서 야유회는 어떤 의미에서는 회사의 작은 프로젝트이며, 이를 준비하는 과정에서 자연스럽게 PM(Project Management) 경험을 해 보게 된 것이다. 조직의 어떤 업무든 특히 그것이 다른 사람들이 싫어하는 업무일 경우 더욱더 적극적으로 나서서 도전하고 실행하다 보면, 많은 것을 배우게 된다. 그것은 나중에 반드시 자신의 큰 자산으로 돌아온다.

삼성의 경영 임원은 매년 연말에 고용 계약을 갱신한다.

보통 대기업 임원의 평균 재임 기간이 4~5년 정도이다. 그런데 나는 삼성에서 그 두 배인 10년을 임원으로 근무했다. 7년 차 임기를 맞이했을 때 어느 날 새로 부임한 인사팀장이 만나자고 연락이 왔다. 커피 한잔하면서 인사팀장은 이렇게 얘기했다.

"김 상무께서 이렇게 임원을 오래 하는 이유를 최근 알게 되었습니다. 사내에서 김 상무님에 대해 나쁘게 얘기하는 주위 임원들이 없더라고요. 참 중요한 경쟁력을 가지고 계시는 것 같습니다."

30년의 직장 생활에서 가장 자랑하고 싶은 나의 강점 중의 하나가 바로 조직 내 적을 만들지 않았다는 점이다. **성공적인 조직 생활을 위해서는 9명의 친구를 만드는 것보다 1명의 적을 만들지 않는 것이 더 중요하다.** 늘 남의 얘기를 좋게 해 주고 남을 먼저 배려해 줘라. 이 작은 행동이 엄청난 긍정적 효과를 가져다준다. 회사에서 어려운 일, 힘든 일, 궂은일이 있을 때마다 자기가 먼저 하겠다고 나서라. 그리고 늘 겸손하고 그 성과와 공적을 다른 사람에게 돌려라. 그러면 절대 적이 생기지 않는다. 누구나 단점은 있다. 타인에 대해서는 단점보다는 장점만을 보려고 노력하고, 자신에 대해서는 단점에 집중하여 개선하려고 노력하자. 내가 조금 더 손해 보고 남을 잘되게 해 주려는 그 순간부터 새롭고 멋진 인간관계와 최고의 경쟁력을 가진 조직 생활이 시작될 것이다.

골프를 같이 쳐 보면 그 사람의 인간성이 잘 드러난다고 한다. 동반자가 샷을 잘못하여 볼이 숲으로 들어가거나 찾기 어려울 때, 어떤 동반자는 나 몰라라 하는 반면, 어떤 동반자는 함께 찾아 주려고 애쓴다. 운동이 끝난 후 누구에게 더 큰 친근감이 갈 것인지는 너무나 자명하다.

'남을 밟아야 자기가 올라설 수 있다'라고 생각하는 일부 몰지각한 사람도 조직 내에는 있다. 큰 오산이고 이런 사람은 대부분 끝과 결말이 좋지 않다. 함께 윈윈하는 길을 찾고 동료를 먼저 배려하고 스스로 솔선수범할 때 진정 성공적인 인생을 롱런(long-run)할 수 있다.

만남은 인연이지만 관계는 노력이다.

조직 내 가장 경쟁력 있는 사람은 '함께 일하고 싶은 사람'이다.

얄팍한 비교우위를 즐기지 말라

우리는 이제 글로벌 시대에 살고 있다.

전국 체전 금메달 실력만으로는 올림픽에서 금메달을 딸 수 없다. 우리나라의 올림픽 금메달리스트들을 인터뷰해 보면 그들이 애초부터 세웠던 목표는 거의 대부분이 항상 세계 최고를 지향하고 있었다. 글로벌로 경쟁해야 하는 우리들의 비즈니스의 목표도 당연히 세계 최고로 설정해야 한다. 그래야 세계 최고가 될 수 있다. 고기도 먹어 본 사람이 먹는다. 세계 1등의 DNA는 기본 사고와 전제부터 완전히 바뀌어야 한다.

대리 시절에 나는 꽤 잘나가는 사원이었다. 열심히 근무도 해서 회사에서 능력도 인정받고 제1호 해외 지역 전문가로도 선발되어 우쭐하기도 했다.

그러던 어느 날 선배님으로부터 술 한잔 먹으면서 한 소리를 들었다.

"김 대리, 너 조금 잘나간다고 까불지 말고 조심해. 그리고 이곳에서 얄팍한 비교우위 즐기지 마. 세상은 넓고 우리의 경쟁 대상은 글로벌 최고야. 넌 아직 멀었어."

그 순간 갑자기 한 대 머리를 강하게 맞은 기분이었고 자존심도 많이 상했지만, 얄팍한 비교 우위를 즐기지 말라는 선배의 따끔한 말 한마디는 나의 회사 생활 동안 언제나 내 머릿속에 남아 있었고, 힘들 때마다 분발하게 하는 촉매제가 됐다.

비교 대상의 수준을 옆집의 만만한 경쟁 기업으로 삼아서는 안 된다.

글로벌 초일류 기업은 언제나 세계 최고를 경쟁 상대로, 자신의 현 수준을 파악하면서 글로벌로 가장 높은 목표를 설정해야 하고 비가 오나 눈이 오나 앞으로 달려가야 한다. 그것이 우리의 사명이자 살길이기 때문이다. 그러면 먼 훗날 우리의 후배와 후손들이 우리의 비즈니스를 반드시 높게 평가해 줄 것이다.

개인적인 차원에서도 마찬가지다. 내가 초일류가 되어야 내가 근무하는 직장이 세계 초일류 기업이 될 수 있는 것이다. 그 길은 결코 쉽지 않지만 인생에서 꼭 한 번 도전해 보라고 권하고 싶다.

몇 년 전 부서 회식을 마치고 택시를 이용하여 귀가한 적이 있었다. 일흔에 가까워 보이는 개인택시 기사님과 이런저런 얘기를 나누다가 나의 직업을 묻기에 삼성에서 글로벌 기업 시장을 대상으로 휴대폰 판매를 담당한다고 얘기했다. 그러자 대뜸 기사님은 이렇게 얘기하셨다.

"삼성에서 수고 많으시네요. 삼성은 한국 최고가 아니라 세계 최고지요. 우리나라를 위해 계속 세계 최고가 되고자 애써 주세요. 삼성이 잘돼야 우리나라가 발전합니다."

그때 나는 진심으로 감사하는 마음으로 이렇게 말씀드렸다.

"예, 기사님, 저희들도 더 분발하고 노력하겠습니다. 그런데 기사님도 세계 최고의 택시 기사님이 되시면 좋을 것 같아요. 세계에서 가장 친절하고 깨끗한 개인택시, 가장 승객을 만족시키는 세계 넘버원의 택시 기사님이 되셨으면 합니다. 그리고 매일매일 고객과의 만남의 얘기를 일기로 꼭 기록해 두세요. 그것은 기사님 인생의 중요한 기록이고 나중에 큰 자산이 될 것입니다."

이윽고 집에 도착하여 택시에서 내릴 때 그 기사님은 나와의 짧은 만남이었지만 너무 기분이 좋고 새로운 기운을 얻었다고 하시면서 택시비 7,500원을 받지 않겠다고 하셨다. 나도 덩달아 기분이 좋아 오히려 택시비 10,000원을 드리면서 "제가 오늘 더 기분이 좋아 나머지는 팁으로 드립니다"라고 말씀드리고 그 자리를 황급히 떴다. 그 날 내내 즐거웠고 행복했다.

각자의 자리에서 우리가 세계 최고를 지향하며 최선을 다하면 진정으로 행복해지고, 그 행복과 기쁨은 전염된다. 그러면 더 좋은 세상이 된다.

이른 출근의 메리트를 활용하라

동서고금을 막론하고 거의 대부분의 성공한 최고경영자(CEO)와 글로벌 조직의 리더는 '아침형 인간'이다.

현대그룹의 정주영 회장은 아침형 인간의 상징적 인물이다. 새벽 일찍부터 부지런히 업무와 함께 하루를 시작한다. 아침을 빠르게 시작하면 하루가 여유롭다. 그리고 무엇보다 좋은 점은 조용히 생각할 시간을 가질 수 있다는 점이다.

처음에 제대로 했으면 고치지 않아도 될 일을 나중에 수정하느라 정신없이 바쁠 때가 많다. 엄청난 낭비다. 이러한 낭비를 최소화하기 위해서는 업무를 수행할 때 사전에 일의 중요도와 우선순위를 파악하는 것이 무엇보다 중요하며 생각할 시간을 충분히 가져야 한다. 그리고 경험상 이른 아침 시간이 이런 생각을 하는 데 최적이다. 이외에도 이른 아침의 소중한 시간은 어학 공부, 운동 등 활용할 수 있는 기회가 참으로 무궁무진하다. 서양의 속담에도 '일찍 일어난 새(early bird)가 벌레를 많이 잡아먹는다'라고 하지 않는가.

삼성 임원은 일찍 출근하기로 유명하다. 임원 시절 오전 6시 반까지 수원 사업장으로 출근하기 위해 서울에 거주하는 나는 거의 매일 5시 전후에 일어나야 했다. 출근 시간은 그야말로 나와의 싸움의 연속이다. 좀 더 침대에 누워 자고 싶은 '나'와 일어나서 출근해야 한다는 '나'가 치열하게 싸우지만 5분 내로 침대를 박차고 매일 일어난다. 사무실에 일찍 출근하면 하루 업무에 대한 구상, 영어 공부, 수영 등 알찬 자기 계발 시간으로 활용한다.

빨리 출근하라. 칼 길이가 짧은 사람이 전투에서 이길 수 있는 최선의 방법은 자신이 한 발 먼저 앞으로 다가가는 것이다. 그런데 회사 생활 중 체질적으로 아침에 일찍 일어나는 것이 어렵다고 호소하는 직원도 많다. 하지만 나는 결국 의지의 문제라고 생각한다. 5/30 법칙이라는 것이 있다. 아침 시간을 5분 당기는 것보다 아예 30분 당기는 것이 오히려 더 쉽다는 것이다. 그런데 말은 쉽지만 실제로는 무척 어렵다. 하지만 이를 꽉 깨물고 스스로를 과감히 한번 바꿔 보고, 아침 일찍 혼자 조용한 사무실에서 회사 경영과 자신의 미래에 대한 상상력의 나래를 마음껏 펴 보면 그곳에서는 우리를 위한 새로운 세상이 기다리고 있을 것이다.

매일 아침 5시에 일어나 알람을 맞추어 놓고 일어나 보라. 처음에는 힘들지라도 일단 익숙해지면 누구나 할 수 있다. 물론 단순히 5시에만 일어난다고 능사가 아니고 자신이 설정한 소중한 아침 5~9시까지 4시간 동안을 미리 명확하게 수립한 계획대로 최대한 활용해야 한다. 그러면 인생이 두 배로 늘어난다.

만약 사원 시절부터 아침형 인간이 되면 그 자체가 장기적 관점에서 자연스럽게 차별화된 경쟁력으로 연결될 가능성이 높다.

너무나 상식적인 얘기지만 아침형 인간이 되기 위해서는 일찍 잠자리에 들어야 하고 수면 시간을 최소 6시간 이상은 확보해야 한다. 따라서 밤 11시에는 취침할 것을 권한다. 처음에는 결코 쉽지 않지만 100일 정도만 계속하면 자신의 몸에 체화되어 몸이 저절로 알아서 움직이게 된다는 일본의 연구 논문도 있다.

또 하나의 중요한 팁은 주말에도 아침형 인간의 생활 스타일을 계속 유지해야 한다는 것이다. 요일에 관계없이 생활과 업무의 리듬을 일정하게 유지하는 것이 핵심 포인트다.

아침 일찍 출근하는 것의 또 다른 메리트는 조직 내에 본인에 대한 긍정적 이미지가 형성된다는 것이다. 어떤 조직이든 부지런한 인재를 좋아한다. 최근에는 농업적 근면성에서 탈피해야 한다고 일부 비난의 목소리도 있지만 절대로 그렇지 않다. 세계를 이끄는 리더 중 게으른 사람이 누가 있는가. 일찍 출근하는 직원에게는 자연스럽게 성실함이라는 좋은 딱지가 붙게 되며, 이런 직원을 대체적으로 상사도 좋아하게 된다. 그야말로 일거양득이 아닌가.

긍정적인 마인드로 아침을 일찍 시작하는 자, 성공을 잡으리라.

열정과 정성은 시작이자 마무리

　일본 교토의 유명한 절 중 청수사(清水寺, 기요미즈데라)라는 곳이 있는데 이 절은 본당이 높은 낭떠러지 위에 서 있다.

　이 절과 관련하여 '기요미즈의 무대에서 뛰어내리다(清水の舞台から飛び降りる)'라는 일본 속담이 있다. 일본에서 사내대장부가 큰일에 착수하면서 죽을 각오로 임할 때 쓰는 표현이다. 열정 없는 삶은 살아도 죽은 목숨이다. 인생은 너무나 값어치 있어 그냥 보내기에는 너무나 아깝다. 열정이라는 강력한 엔진으로 무장하여 달려야 한다.

　그런데 열정의 원천은 무엇일까. 열정을 가지기 위해서는 명확하고 담대한 미래 목표를 설정하는 것이 무엇보다 필요하다. 위기나 경계에 흔들릴 때마다 그 목표는 큰 버팀목으로 작용하기 때문이다. 자신의 원대한 목표와 성공한 자신의 이미지를 직접 쓰고 늘 가지고 다니면서 힘들고 어려울 때마다 다시 쳐다보고 초심을 잃지 않고 마음을 고쳐 잡아야 한다. 그리고 끊임없는 자극을 스스로에게 주어 '나는 할 수 있다'라는 자기 최면을 걸고 스스로를 격려해야 한다. 자기 안에서 자신을 흔드는 불안부터 쫓아내야 한다. 열정의 샘물이

끊어지지 않도록 평소에 자기를 철저히 관리해야 한다. 혼자가 힘들면 주위의 소중한 자산도 활용할 필요가 있다. 자신의 열정을 자극해 주는 동료와 친구들이 가장 중요한 자산이다. 이들과 늘 가까이해야 한다. 결국 유유상종이기 때문이다.

삼성 임원으로 아프리카 출장을 갔을 때의 일이다.

우리에게는 무척 생소한 '부루키나파소'라는 아프리카 대륙 중부에 있는 작은 나라를 방문한 적이 있었다. 당시 그곳에 아프리카 대륙 내 30여 개국의 교육부 장관들이 모인 가운데 '아프리카의 미래 교육 이슈와 협력'과 관련한 대형 콘퍼런스가 열렸다. 콘퍼런스 주제 중 '선진 한국의 교육 시스템'을 벤치마킹하고 싶다고 해서 교육부 관계자와 함께 초대를 받았다. 나는 삼성의 태블릿을 통한 미래 스마트 교육 계획 발표가 주요 안건이었으며, 호텔 행사장 주변에는 삼성 TV, 태블릿과 더불어 스마트 교육 솔루션 전시도 했다.

출장 둘째 날 이 나라 교육부 장관의 안내로 현지 초등학교를 방문하게 되었다. 가는 도중 차 안에서 밖으로 내다보는 거리에는 신발도 안 신은 거의 거지 차림의 사람들이 태반이었고 실제 학교에 도착했을 때 본 교육 시설 환경도 너무나 열악했다. 그런데 갑자기 이 학교 교장 선생님이 뭔가를 보여 줄 것이 있다면서 허름한 별도 건물 뒤편으로 우리 일행을 안내하였다. 그때 나는 정말 깜짝 놀랐다. 그곳은 우리 기준으로는 학생들을 위한 'PC 체험방' 같은 곳이었는데, 거기에 중국산 저급 흑백 7인치 태블릿 10대가 있었다. 그중에 3대는 고장이라 움직이지도 않았다. 먹을 것도 제대로 없는 이 척박한 나라에서, 하지만 교육에 대한 강한 열정을 가졌던 그 여자 교장 선생님의 모습은 아직도 눈에 선하다.

"우리나라는 가난하여 아직 여러 교육 여건이 좋지 않습니다. 하지만 우리 학생들이 이 태블릿을 통해 스마트 교육을 배우고 언젠가는 이 나라를 발전시키는 주역이 될 것입니다. 저는 그 꿈을 가지고 제 모든 열정을 다해 오늘도 우리 학생들을 가르치고 있습니다."

나는 너무나 감동하여 삼성 아프리카 법인장과 협의하여 당시 행사장에 전시했던 삼성 TV와 태블릿을 이 학교에 전부 기증했다. 열정은 감동으로 이어진다.

열정 있는 사람은 꾸준한 실행력이 있는 사람이다.

열정으로 무장하고 집요하게 끝까지 도전하면 뜻한 바가 반드시 이루어진다. 모든 성공의 핵심은 정성을 다한 꾸준함이다. 어떤 것이든지 성공할 때까지 지속하기란 무척 어렵다. 다이어트, 외국어 공부, 책 읽기 등등 누구나 연초에 단골 메뉴로 목표를 세우지만 결심한 대로 지속적인 실천을 하는 사람은 드물다. 꾸준함은 우직함에서 나온다. 좌우를 돌아보지 않고 오직 한길로 지속적으로 나아간다는 자세가 무엇보다 필요하다.

우리 사업은 일회성 행사인 불꽃놀이가 아니다. 기본에 충실(Back to the Basic)해야 하고 꾸준하게 기본과 실행을 유지해야 함은 아무리 강조해도 지나치지 않다. 작심삼일이 되면 계속 작심삼일을 이어가면 된다. 한 번 실패해도 그것이 끝이 아니라는 사실을 믿는 것이야말로 성공의 주요 포인트이다. 비즈니스에서는 '해설가'가 필요 없다. 오직 '실행가'가 필요할 따름이다. 조직에서는 디딤돌이 되어야지, 걸림돌이 되어서는 안 된다. 실행가는 조직의 디딤돌이다. 인생에 성공한 사람은 끈질긴 실행가이며 이런 사람이 조직의 핵심 역할을 한다. 남들이 모두 "안 된다"라고 얘기할 때 열정과 정성을 다해 그 일을 끝까지 추진하여 성공시키면 그 쾌감은 배가된다. 컨설팅 회사에만 근무했던 사람은 실제 사업에서는 성공하기 힘들다. 사업은 훈수가 아니고 실전이며, 정성을 다한 실행력과 추진력이 없으면 백전백패다.

우리나라의 대표적 기업가인 이병철 회장과 정주영 회장의 공통점은 '도전적 가치'와 '기업가 정신'을 극명하게 보여 주신 분들이라는 점이다. 온갖 실패와 어려움에 맞서면서도 미래를 내다보고 자신의 사업에 대한 열정과 정성으로 꿋꿋하게 이 나라 경제의 주춧돌을 만드신 그분들은 진정한 이 나라의 영웅이다. 늘 존경하며 배우고 싶다.

장례식장은 돌아가신 분의 삶의 성적표이다.

나는 죽고 나서 나를 추모하기 위해 모인 분들이 이렇게 얘기해 주시는 인생을 살고 싶다.

"이분은 한평생 열정과 정성으로 자신의 업무에 최선을 다한 분이다."

이것이 후회 없는, 아니 다시 태어나도 살고 싶은 나의 인생이다.

또 도전하고, 또 파고, 또 참고

일반적으로 나이가 들수록, 업무에 익숙해질수록 보수적인 경향이 높아진다.

그러나 역설적으로 대부분의 성공 방정식은 익숙함에서의 탈피로부터 비롯된다. 대부분의 변화는 초기에 불편함을 가져온다. 우리가 이사를 해서 새로운 환경에 적응하는 것도 보이지는 않지만 실제로는 엄청난 스트레스를 유발한다.

하지만 변화를 기쁜 마음으로 즐거운 마음으로 받아들이면 새로운 세상이 열린다. 변화가 없다면 세상은 얼마나 무미건조할 것인가. 비록 변화는 그것이 견디기 힘들지라도 없는 것보다 있는 것이 장기적인 관점에서는 훨씬 좋고 약이 된다.

새로운 환경 변화를 즐겁게 받아들이고 새로운 미래의 경험을 기대하며 기쁜 마음으로 도전해야 한다. 변화를 즐기고 도전하면 그 변화가 나의 편이 된다. 그렇지 않으면 변화의 노예가 된다. 휴대폰의 앱 업데이트처럼 변화에 맞추어 내 삶을 지속적으로 업데이트해야 한다. 변하지 않는 것이 가장 큰 위기다. 가만히 있어도 위기는 다가온다. 그럴 바에는 차라리 먼저 나서서 적극적으로 변하는 것이

이득이다.

또한 스스로와의 싸움에서 이겨야 한다. 자기를 이기는 자는 이 세상에서 가장 무서운 사람이며 뭐든지 해낼 수 있다. **싸워 이겨야 할 상대와 비교 대상은 내 주위 동료가 아니라 '어제의 나'이다.** 어제의 나보다 더 나은 '오늘의 나'가 되어야 한다. 헤밍웨이는 "타인보다 우수하다고 해서 고귀한 것은 아니다. 과거의 자신보다 나은 것이 진정 고귀한 것이다"라고 얘기했다. 또 중국의 사서(四書) 중의 하나인 『대학(大學)』에는 "일일신 우일신(日日新 又日新, 매일매일 새롭고 또 날로 새롭게 한다)"이라는 문구가 있다. 모두가 삶의 표준이 될 만한 소중한 글귀들이다. 자기를 관리할 줄 모르는 사람은 타인을 관리해서도 안 되며 관리할 수도 없다. 자기를 이기려는 노력이 지속되어 습관으로 연결되면, 자연히 최고의 경쟁력으로 이어진다. 『삼국지』 최후의 승자는 조조나 유비가 아니라 자기 통제의 승부사 사마의(司馬懿)다. 나는 매일매일 다시 태어난다고 믿는다. '일일신(日日新)'이 아니라 '일일생(日日生)'이다 어제보다 더 좋은 모습으로 날마다 새롭게 태어나고, 매일매일 변화 있고 의미 있는 삶에 도전한다. 오늘이 인생의 마지막 날이라고 생각하면서 최선을 다하고, 아침에 눈이 뜨면 다시 태어나 새로운 삶을 시작하는 자세로 자신의 삶을 진정으로 사랑해야 한다.

업무를 할 때는 '독기'를 품어야 한다.
진정한 전문가가 되기 위한 노하우로 다섯 번 왜(5 whys)를 반복하면서 되새기면 된다고 삼성의 경영진은 강조했다. 이 정도가 되면 비로소 본질을 파악할 수 있게 된다. 대부분의 보통 사람들은 1~2단계 why에서 끝나고 마는데 이는 독기가 부족하기 때문이다. 격물치지(格物致知)라는 말이 있다. 모든 사물을 끝까지 추구하면 완전한 앎에 이른다는 의미이다. 철저하게 파고들어 자신의 업무에 미치고 몰입해야 한다. 진정한 독종이 되어야 하며 한 번 하겠다고 마음먹으면 완전히 뿌리를 뽑아야 한다. 기업은 전쟁터이다. 우리는 날마다 전쟁터에서 살아남기 위한 전쟁을 치르기 위해 아침마다 갑옷을 입고 무기를 준비하고 전투 의지를 새롭게 다지며 전사로서 출정하는 것이다. 그중 스마트폰은 핵심 전투 무기다. 나는 매일 아침 가족들과 가벼운 포옹으로 인사를 나누면서 마음속으로 오늘도 즐겁게 잘 싸우고 이기고 돌아오겠다고 마음을 다지고 글로벌 전쟁터를 향해 나선다.

일본에서 온라인 게임 서비스 벤처 사업을 담당했을 때의 일이다. 온갖 아이디어를 짜내고 엄청나게 노력했는데도 불구하고 게임 서비스의 핵심 성공 지표인 회원 수, 동시 접속자 수 그리고 유료 회원 수가 좀처럼 늘어나지 않았다. 회사 운영 자금은 점점 바닥에 가까워졌고 조직도 심하게 동요했다. 나 스스로도 스트레스가 극에 달했지만, 회사 책임자로서 가장 중요하고 시급한 일이 부족한 돈을 구해 오는 일이었다. 투자 펀딩을 일으키기 위해 일본의 주요 벤처 캐피털을 거의 매일 정신없이 찾아다녔다. 그러나 그들은 대부분 만나주지도 않았고, 미팅 요청을 의뢰하는 전화도 곧바로 끊어 버렸다.

단 1분의 짧은 만남을 위해 벤처 캐피털 회사 화장실 앞에서 대기하면서 읍소도 했다. 어느 날 벤처 캐피털 미팅에서 투자를 거절당하고 회사로 돌아오는 길에 나는 그만 쓰러져 버리고 앰뷸런스에 실려 응급실에 갔다. 눈을 뜨자 가족들이 걱정스러운 눈빛으로 울먹이며 "이제는 벤처 사업 그만두고 한국으로 돌아가요"라고 얘기했다. 하지만 나는 절대로 그대로 물러설 수가 없었다. 집사람에게 "내가 만약 일본에서 사업에 실패한다면 한국으로 절대로 돌아가지 않고 일본 땅에 묻히겠다"라고 말한다. 그런데 그 이후 하늘이 도와주신 덕분인지 일본의 유력 J벤처 캐피털에 근무하는 젊은 벤처 캐피털리스트로부터 연락이 왔다. 그는 그해 여름 휴가 중 한국에 다녀왔는데 그때 한국의 PC방에도 가 보고 온라인 게임 콘텐츠의 인기와 가능성을 실감했다고 했다. 그래서 우리 회사 투자에 관심이 생겼다며 눈물 나게 고마운 첫 번째 투자를 해 주었다. 이어 4개의 일본 주요 벤처 캐피털 회사로부터 투자를 받게 되어 어려웠던 회사 자금의 숨통을 틔울 수가 있었다. 이후 이 게임 서비스 회사는 조직 전체가 한마음이 되어 온갖 어려움을 이겨내고, 마침내 일본 증권 시장 상장(IPO)까지 성공하게 된다. 독기를 품고 진정으로 최선을 다하면 아무리 힘들고 어렵더라도 길은 열리고 하늘이 도와준다.

사원 시절 부장님으로부터 들은 얘기가 있다.

"부장이 사원보다 월급을 많이 받는 이유는 직급이 올라갈수록 스트레스가 커지기 때문이야. 그 스트레스에 견디는 대가가 바로 월급이니까 직급이 올라갈수록 월급도 높아지는 것이지"라고 하셨다.

당시는 그다지 와닿지 않았는데 회사 생활을 하면 할수록 크게 공감하게 된다. 인생은 마라톤 경주이며 이를 완주하기 위해서는 무엇보다 인내가 필요하다. 7~8월이 그렇게 더워도 시간은 지나가며 가을은 온다. 강한 것이 살아남는 것이 아니라 살아남는 것이 강한 것이다. 인생은 큰 산을 올라가는 여정이다. 큰 산을 올라가다 보면 도중에는 내리막길도 있다. 절대로 일희일비할 필요가 없다. 어려운 상황에서 인내력은 필수이며, 참고 견디면 다음 국면 전환이 반드시 있기 때문이다.

직장 상사와 성격이 맞지 않아 회사를 그만두는 사례를 가끔씩 본다. 이해가 안 되는 것은 아니나 대부분 바람직하지 못한 의사 결정으로 보이며, 이럴 경우 다음 단계에서도 실패할 가능성이 높다.

조직 내 '회복탄력성(resilience)'이라는 용어가 화제가 된 적이 있다. 회복탄력성은 온갖 역경과 시련에 견디는 마음의 근력을 말하는데, 기본적으로 사람에 따라 차이가 존재한다. 힘든 시련일 경우 쉽게 회복하기가 무척 어렵다. 결국 핵심은 자신에 대한 강한 믿음이 필요하다는 것이다. 힘들더라도 언젠가는 다 지나간다는 좀 더 여유로운 마음으로 역경의 본질을 응시하면서 "나는 해낼 수 있어. 이것은 오히려 나에게 정말 좋은 기회야"라고 계속 되새김으로써 참고 이겨내야 한다.

자신의 실력을 늘리면서 참고 때를 믿고 기다리면 반드시 기회가 온다.

일을 즐기고 일을 통해 자아를 성장시켜라

회사의 업무를 게임이나 놀이로 접근하면 오히려 즐거워진다.

『논어(論語)』에 "지지자 불여호지자(知之者 不如好之者), 호지자 불여 낙지자(好之者 不如樂之者)"라는 말이 있다. 즉, 아는 사람은 좋아하는 사람만 못하고, 좋아하는 사람은 즐기는 사람만 못하다는 뜻이다.

매일 아침 회사에 출근할 때 스스로를 오늘도 일하러 가는 사람 이라고 생각한다면 그 사람은 하수(下手)다. 회사에서 **진정한 고수(高 手)는 일하러 가는 사람이 아니라 일을 즐기러 가는 사람이다.** 근본적인 발상의 전환이 필요하다.

군대 장병들의 제설 작업을 눈 축제로 전환시킨 어느 병무청장의 얘기를 들은 적이 있다. 누구나 싫어하는 단순한 제설 작업을 오히 려 즐거운 축제의 개념으로 전환시킨 그는 일의 즐거움과 묘미를 아 는 분이다. 테니스 코치는 노동을 하는 반면 테니스 동호회 가입자 는 레저로 테니스를 즐긴다. 업무를 하는 것이 아니라 즐긴다는 발 상의 전환이야말로 업무 스트레스를 줄이는 가장 좋은 방법 중 하 나이다.

삼성의 임원 시절 외국 바이어와 만나 저녁을 함께한 적이 있었다. 이런저런 얘기를 하다가 한국의 과도한 업무 시간이 화제가 되었다. 외국 바이어는 새벽부터 출근해서 늦게까지 근무하는 삼성 임원의 초인적 업무 시간을 듣고 놀란 반응을 보였다. 그에 대해 나는 진심을 담아 "I am not doing my work, but I am just enjoying my work"라고 답했다.

아무리 힘든 일이라도 업무가 나의 성장의 촉진제라 생각하고 긍정적으로 받아들이고 즐기면 오히려 행복해진다.

일본의 대표적 전자 부품 회사인 교세라(Kyocera)의 이나모리 가즈오(稻盛 和夫) 회장은 내가 존경하는 경영자 중 한 명이다.

그는 씨 없는 수박으로 유명한 육종학자 우장춘 박사의 사위이기도 한데, 일본이 자랑하는 경영의 귀재 중 한 분이다. 특히 그는 큰 조직을 독립채산제로 운영하는 소집단(아메바)으로 나누고, 각각의 작은 조직의 리더를 임명해 공동 경영과 같은 회사 형태로 책임 경영하는 소위 '아메바 경영'을 주장하였고, 회사 업무를 종교적 자기 성찰의 레벨까지 끌어 올린 분이기도 하다. 그는 회사 업무를 통해 인간이 성장하고 발전할 수 있어야 한다고 하면서 실패를 두려워하지 않는 도전과 최선을 다하는 긍정적인 자세를 강조하면서 이렇게 얘기한다.

"자신에게 주어진 일이 천직(天職)이라는 마음으로 즐겁게 일하는 것이 중요하다. 주어진 일이라서 어쩔 수 없이 한다는 생각을 버리지 않으면 절대로 일하는 고통에서 벗어날 수 없다. 항상 밝음을 잃지 않고 노력하는 사람에게 신(神)은 꼭 미래를 열어 준다."

즐겁게 일하면 된다. 사고와 발상의 전환을 하면 된다. 업무를 통해 우리는 인내와 책임감을 배우고 열정으로 무장하여 어려운 일을 해결해 냄으로써 인생의 참된 의미와 가치를 느끼게 된다. 대나무가 한 번씩 매듭을 지어 가며 자라나듯이 그렇게 성장하는 것이다.

아침에 눈 뜨면 달려가고 싶은 곳, 그곳은 나의 일터이며 무한한 도전과 성장과 행복이 기다리고 있는 자아 실현의 장이다.

힘든 업무야, 고맙다. 너는 나의 성장의 원동력이자 거름이니까.

세상 돌아가는 것에 쫑긋하면서 매복

"『삼국지』를 한마디로 한다면 무엇이라 하면 좋을까?"

회사 생활 중 부장 때 경영진이 나에게 한 질문이다. 순간 당황했지만 잠시 생각한 뒤 "저는 매복이라고 생각합니다"라고 답변을 드린 적이 있다. 실제 이 짧은 대답 하나로 나의 조직 내 포지션과 신뢰도가 급상승했다.

『삼국지』를 읽어 본 사람은 알겠지만『삼국지』에 등장하는 전투 중 60~70% 이상은 매복 작전의 승리이다. 대부분 '적이 이 지역을 통과할 것이다'라고 예상하고 계곡에 미리 병사와 무기를 배치하여 상황 발생 시 일거에 무찌르는 방식으로 승리를 쟁취하는 것이다. 그런데 주목할 점은 『삼국지』에서의 주요 전략가들의 비책은 그냥 막연한 감에서 나온 것이 아니라는 사실이다. 우리가 익히 알고 있는 제갈공명의 '적벽대전'은 그 대표적 예다. 그 시기에 동남풍이 불 것을 미리 예측하고 적에 대한 화공(火攻)을 준비하여 마침내 전투를 승리로 이끄는 것이다. 철저한 데이터 분석을 바탕으로 한 정확한 예측 능력이 뒷받침되어야 함은 물론이다.

2000년《하버드 비즈니스 리뷰(Harvard Business Review)》의 헤드라

인으로 "Active Waiting(적극적 기다림)"이 나와 화제가 된 적이 있었다. 이것이 바로 '매복'이다. 미래에 대한 철저한 연구를 통해 미리 준비하고 기다리고 있다가 결정적인 순간에 비즈니스의 승기를 잡아야 함을 강조한다는 점에서 Active Waiting은 매복 전략과 일맥상통한다. 가만히 하늘만 처다보고 입만 벌린다고 해서 홍시가 내 입에 떨어지지는 않는다. 늘 사업 환경의 변화에 주목하고 공부하고 준비하고 있어야 기회가 온다.

성공적인 비즈니스는 대충의 감이 아니라 철저한 사전 분석과 예측을 통한 완벽한 준비, 즉 '매복'에서 나온다.

너무나 당연하지만 뉴스를 대할 때마다 항상 자신의 비즈니스와 어떠한 관련과 의미가 있는지 주의 깊게 와칭(Watching)하고 있어야 한다. 변화무쌍한 모바일 사업의 치열한 초경쟁 세계에서 삼성의 경영진은 "졸면 죽는다"라고 역설하였다. 특히 해외에 파견된 주재원들은 "정보의 안테나를 높이 세우고 늘 깨어 있어야(alert)" 한다고 강조하였다. 우리는 세상의 바깥을 늘 주시해야 한다. 조직에 그냥 매몰되어서는 안 된다.

향후 10년의 변화가 지난 100년의 변화 속도보다 빠르다는 디지털 정보화 시대에는 한번 뒤처지면 추격이 거의 불가능하다. 우리의 비즈니스는 과거에 어떻게 했다는 것이 중요한 게 아니라, 우리가 앞으로 얼마나 어떻게 해야 할 것인가에 초점을 맞추어야 한다. 미래는 먼저 볼 수 있는 눈을 가진 사람의 것이다. 세상의 큰 변화와 흐름, 특히 최근에는 4차 산업혁명 시대에 벌어질 세상의 움직임을 예의 주시하고 미리미리 준비해야 한다.

  우리의 시장과 경쟁 대상은 글로벌 전쟁터이다. 이 치열한 경쟁 상황에서 이겨 내기 위해, 아니 살아남기 위해 항상 깨어 있어야 함은 물론 변화의 선도자로서 적극적으로 데이터를 분석하고 그것을 자신의 비즈니스에 어떻게 접목하고 활용할 수 있는지 깊게 고민해야 한다. 이것은 정답이 없고 각자가 풀어 가야 할 경영 숙제이다. 이를 위해 자신만의 다양한 정보 입수 채널을 구축해야 한다. 인터넷, SNS 등을 활용한 지속적 외부 정보 동향 파악은 물론 살아 있는 정보 입수를 위한 대내외 인적 관계의 구축과 활용도 필수적이다. 정보력은 조직 내에서 갖추어야 할 중요한 실력의 하나이다. 남들보다 먼저 정보를 캐치하고 한발 앞선 준비를 하느냐 안 하느냐에 따라 조직 내 자신의 경쟁력이 크게 좌우된다.

  조직에서 매년 같은 일을 같은 방법으로 반복하고 있다면 그 사람은 벌써 도태하고 있는 것이다. 늘 눈과 귀를 쫑긋하면서 변화의 흐름을 잡아내고 매복하면서 선행적으로 준비하고 있어야 한다.

아마추어는 가고 진정한 프로가 되어라

2017년부터 삼성에서는 직급 체계 개선 과정의 일환으로, 기존의 직급 호칭을 버리고 부장에서 일반 사원까지의 호칭을 모두 '프로'라고 부르고 있다. 수직적 권위주의 문화의 타파라는 목적도 있지만, '진정한 업무의 프로가 되자'라는 의미가 더 강하다.

'프로'와 '아마추어' 간에는 다양한 차이가 존재한다.

기본적으로 해 보지 않아도 예측이 가능한가의 여부이다. 프로는 먼저 예측하고 자신의 일을 주체적으로 즐겁게 이끌어가는 미리 준비하는 사람이다. 상황이 발생한 뒤 괴롭게 그냥 일에 끌려가는 '포로' 같은 아마추어 직장인이 되어서는 안 된다.

프로는 쉽게 감정 표현을 해서는 안 된다. 높은 내공이 필요하다.

자신의 마음이 들지 않더라도 비즈니스상에서는 그 표현을 조심해야 할 경우가 많다. 회사에서 회의를 하다 보면 서로 의견이 상충하여 얼굴을 붉히고 언성을 높일 때가 있다. 그런데 화를 내면 벌써 지는 것이다. 프로는 자기감정을 통제할 줄 알아야 한다. 그리고 상대방의 논리도 긍정하면서 자신의 주장을 차분하고 논리 정연하게 말함으로써 상대방을 설득할 줄 아는 사람이다.

프로는 말에 신중해야 한다. 말은 인간관계의 필수 요소이며 대부분 이것으로 결정되므로 항상 조심해야 한다. 그 사람이 보지 않는 곳이라도 절대 공개적으로 상대방을 욕하지 말라. 이 세상에는 기운이 있어 다 통하게 되어 있다. 프로는 자신이 내뱉은 말에 반드시 책임을 질 줄 알아야 한다. 따라서 쉽게 약속을 하지 않는다. 조직에 대한 불평도 쉽게 내뱉어서도 안 된다. 불평은 조직 내에서 알게 모르게 돌고 돌아 결국 다시 자신에게 화살로 꽂히게 된다. 말은 바로 인격이며, 그 사람의 인간됨이다.

프로는 진정으로 도전하는 사람이다. 땀에는 색깔이 없다. 진정한 프로의 도전은 성적을 매길 수 없다. 하고 싶은 일에는 방법이 보이고 하기 싫은 일에는 핑계가 보인다. 도전을 즐기면 내공이 쌓이고 내공은 바로 문제 해결 능력으로 이어지며 그것이 바로 조직이 원하는 진정한 실력이다.

프로는 종업원 의식이 아니라 '주인 의식'을 가지고 있다. 주인 의식을 가지게 되면 조직의 다양한 문제점과 이슈가 보이기 시작하고, 또 그것을 자기가 해결해야 한다는 책임 의식이 자동적으로 발동한다. 결국 프로는 내 사업이라는 간절함(desperate)으로 무장하여 비즈니스의 결과를 바꾸게 되며, 조직에서는 당연히 이런 사람이 떠오르게 되고 성공하게 된다.

프로는 자신의 업무 관련해서는 최고의 업무 지식을 갖추고 있는, 하지만 늘 부족하다고 생각하고 공부하고 미리미리 준비하는 사람이다. 최후의 성과는 실력에 있고 실력은 진실한 노력에서 나온다. 늘 겸손한 자세로 배우고 또 배우고, 앞으로 뚜벅뚜벅 걸어가야 한다.

프로는 좋은 습관을 가지고 있는 사람이다. 습관은 반복과 지속에서 비롯되며 실제 습관들이 모여 인격을 형성하게 된다. 지속적인 건강관리, 쉬지 않는 외국어 공부, 아침형 인간, 명상 등등 여러 좋은 습관은 그 자체가 자연스럽게 최고의 경쟁력으로 이어지고 안정감과 자신감 그리고 행복한 삶으로 연결된다.

프로는 자기 업무를 진실로 사랑하고 몰입하는 사람이다. 대충을 싫어한다. 좋든 싫든 일단 자신의 업무로 맡겨지면 최고의 업무 몰입을 통해 성과를 만들어내고 희열을 느끼는 사람이다. 경험상 대체적으로 자신의 역량보다 조금 더 높은 수준의 업무를 상사가 믿고 맡겨 줄 때 몰입을 할 수 있는 모티브가 형성된다.

프로는 문제 해결사다.
조직은 문제 분석가보다는 '문제 해결사'를 원한다. 안 되는 이유를 논리적으로 전개하기 위해 노력하는 사람은 대부분 비실천적이고 심하게 얘기하면 무능한 사람이며 조직에 해가 되는 존재이다. 어떻게 하든지 가능한 방법을 찾아내고 빨리 실행하는 것이 훨씬 중요하며, 이런 사람들이 조직 내에서 높이 평가받고 상사는 당연히 이런 프로를 좋아한다. 조직 내 보고서를 통해 대책을 내놓기는 하지만 그것을 해결하려고 나서는 사람은 드물다. 앞으로는 보고서보다는 문제를 해결하기 위한 구체적인 품의서를 써야 한다. 조직 내 품의서는 곧 의사 결정과 실행을 의미하기 때문이다. 실제 품의서를 쓰는 사람은 그 업무를 정리할 줄 알고 책임지고 주체적으로 수행하는 프로다. 이런 사람이 궁극적으로 조직의 주인공으로 성장한다. 실행이 먼저다. 모든 일은 본질이 있는데 회사 업무의 본질은 보고가 아니라 실행이다. 품의서는 실행의 결정체다. 퇴직 시점에 자신을 되돌아보고 과연 재임 기간 동안 몇 건의 의미 있는 품의서를 썼는지가 자기 회사 생활의 성적표다. 조직에서는 프로답지 않으면서 이름만 프로라고 하는 가짜 프로도 많다. 스스로 말만 하는 가짜 프로는 아닌지 늘 겸허히 돌아볼 필요가 있으며, 진짜 프로가 되기 위해서는 진정한 실행가가 되어야 한다.

아마추어처럼 어설프게 일하지 말고 프로답게 깔끔하게 치고 나가자.
이 모든 것을 갖춘 '진정한 프로'는 결국 '함께 일하고 싶은 사람'이 된다.

가까운 곳에 롤모델을 만들어라

자신의 경력서에 자신이 존경하는 인물 3명 중 직장 상사가 있으면 성공한 직장 생활이라고 한다. 나는 회사 생활에서 잊지 못할 세 분의 멘토가 있다.

첫 번째 상사는, 신입 사원 때 직장인으로서의 기본 능력을 가르쳐 주신 L 부장님이다. 특히 꼼꼼함을 바탕으로 보고서를 작성하는 능력이 탁월하신 분이셨다. 그분의 별명은 '빨간 펜의 마술사'였다. 그분의 교정을 거치면 보고서와 품의서가 완전히 새롭게 태어난다. 상대방 입장을 생각한 표현, 간결한 문체, 핵심 중심, 논리적 문장이 놀랍다. 그분은 보고서에서 절대로 틀려서는 안 되는 세 가지가 '날짜', '숫자' 그리고 보고서 내 등장인물의 '이름'이라고 하셨다. 이것을 틀리면 보고서의 신뢰도가 급격히 떨어진다는 것이다. 치밀함과 꼼꼼함은 입사 초기부터 반드시 배워야 하는 필수 역량이다.

두 번째 상사는, 힘든 업무에 견디는 능력, 즉 스트레스 대응법을 가르쳐 주신 K 전무님이다. 독실한 크리스천이셨는데 삼성에서 고위 임원으로 근무하시다가 대학교수를 거처 지금은 벤처 사업 육성가가 되어 후진을 지도해 주시는 분이다. 항상 스트레스에 대해 적극적·긍정적으로 대처할 것을 강조하셨고 사업상의 시련과 위기의 큰 파도는 오히려 스스로를 성장시키는 원동력이라고 주장하셨다. 수영에서 50m를 한 번 가 본 사람은 25m가 우습게 보인다는 것이 그분의 지론이다. 변화를 두려워하지 않고 언제나 과감히 실천하는 능력은 조직 성장의 핵심이라고 늘 강조하셨다.

마지막 세 번째 상사는, 사람 다루는 능력을 가르쳐 주신 L 사장님이다.

삼성에서 대표이사를 하시다가 지금은 고인이 되신 분인데 부하 직원을 위해 항상 격려와 배려하는 따뜻한 얘기로 조언해 주셨다. 1년에 한두 번 저녁 식사를 초대해 주시면서 업무의 고충도 들어주시고 비즈니스맨으로서의 기본자세도 가르쳐 주셨다. 그분은 진정한 고객 만족과 감동을 가르쳐 주셨을 뿐만 아니라 그동안의 경험을 바탕으로 책을 쓰라고 강하게 권유해 주셨다. 그분의 권유가 이 책을 쓰게 된 계기 중의 하나다.

그분과 일식점에서 있었던 일이다. 내가 서빙하는 직원에게 팁을 주려고 하자 사장님께서 본인이 주시겠다며 당신의 양복 상의에서 장지갑을 꺼내 빳빳한 신권으로 팁을 주셨다. 마음을 담아 서비스 잘 해주어 고맙다는 말씀까지 덧붙이셨다. 팁에서도 프로의 문화가 존재한다. 그분은 정성 어린 팁을 주기 위해 늘 신권을 준비하신다고 했다. 골프장에서의 캐디 봉사료도 미리 봉투를 준비해서 정성스럽게 주시고, 팁으로 주는 돈이 구겨질까 항상 장지갑을 가지고 다닌다고 하셨다. 정말 대단한 분이셨다. 지금도 그분 생각을 하게 되면 고개가 숙여진다.

이분들 외에도 삼성에는 정말 대단하신 벤치마킹 대상이 많이 계셨다. 그분들의 장점을 닮아가는 과정에서 나 또한 성장했고 지금도 진심으로 그분들을 존경한다. 이와 같은 분들이 계셨기에 오늘날의 삼성이 있으며, 이 나라 경제와 기업들이 발전하는 것이다.

조직 규모에 상관없이 어떤 조직에서나 배우고 싶고 닮고 싶은 상사나 선배가 존재한다. 진실로 성장하고 싶은 사람은 자신의 벤치마킹 대상을 롤모델로 설정하고, 끊임없이 배우고 닮아 가라고 권하고 싶다. 그것이 바로 최고의 성장 촉매제이자 자극제이기 때문이다.

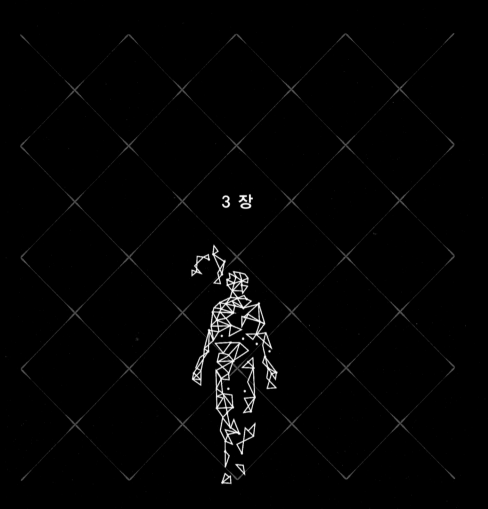

3 장

성장하는 프로는 이렇게 일한다

선행관리 3종 세트

업무를 할 땐 선행관리가 가장 중요하다. 선행관리는 글자 그대로 미리 예상하고 준비하는 것이다.

성공적인 조직 업무 수행을 위한 '선행관리 3종 세트'는, 첫째로 1년 업무 로드맵, 둘째로 3개월 선행 월간 캘린더, 셋째로 일일 업무 체크 시트이다. 특히 일일 업무 체크시트는 철저하고 꼼꼼한 업무 흐름과 프로세스 중심으로 작성하는 것이어서, 세부적 관리에 필요한 핵심 툴이다.

좀 더 구체적으로 정리해 보면 다음과 같다.

첫째, 1년짜리 업무 로드맵은 주로 파워 포인트 1장으로 작성하여 한눈에 1년 간의 주요 업무를 볼 수 있게 만든다. 횡축을 분기별 시간 축으로 두고, 종축을 주요 업무로 구분하여 연간 핵심 업무를 프로세스 중심으로 일목요연하게 정리하는 것이다. 이를 책상 앞에 붙여 놓고 언제든지 확인할 수 있게 한다. 업무의 숲을 보는 작업이다.

둘째, 최소한 선행 3개월을 월간 업무 캘린더 형태로 준비하여 주요 업무의 시작과 끝을 캘린더에 집어넣는다. 이렇게 하면 월간 단위로 자신의 업무의 정확한 타이밍을 이해하고 머리에 입력할 수 있다. 일정 관리에 매우 유용한 툴이다.

셋째, 일일 업무 점검 체크 시트는 엑셀로 작성하되, 전체 담당 업무를 크게 대, 중, 소 분류로 나눈다. 특히 소분류에서는 구체적인 업무 액션 아이템을 프로세스 관점에서 세밀하게 나누어서 정리하고 누가, 언제까지 해야 하는지, 그리고 진행 및 완료 상태 여부를 체크하는 컬럼을 추가한다. 매일 아침 출근하면 이 체크 시트를 업데이트하는 것으로 업무를 시작하여, 지속적으로 살아 있는 관리 시트로 운영해 나가야 한다. 일을 제대로 하는 사람은 하루에 평균 20~30개의 업무 액션 아이템을 가지고 있는 것이 보통이다. 이는 조직의 나무를 디테일하게 관리하는 작업이다. 우리가 매일 자기 차를 세차하면 5분 안에 간단히 끝낼 수 있지만, 많이 더러워진 차를 제대로 세차하려면 꽤 많은 시간이 걸린다. 업무 체크 시트는 매일매일 업데이트하는 것이 포인트다.

이 3종 세트는 그야말로 최고의 관리력이 그대로 녹아 있는 물 샐틈 없는 치밀한 관리 기법이며, 이 세 가지를 동시에 진행할 때 시너지 효과가 극대화된다.

입사 후 1994년에 결혼을 준비할 때 나는 108개의 '나의 결혼 준비 액션 아이템 리스트'를 준비한 적이 있다. 당시에는 엑셀이 없어

'로터스 1-2-3(Lotus 1-2-3)'를 이용했다. 먼저 대분류로 집 구하기, 신혼여행, 친척 인사, 가전제품 구입 등을 둔 뒤, 집 구하기는 다시 부동산 업체 접촉, 실제 아파트 방문 및 체크, 네고, 계약, 입금 및 입주 등 진행 프로세스 중심으로 항목을 소분류했다. 이를 통해 일을 꼼꼼히 진행하여 108개 항목을 모두 완결한 나는 성공적인 결혼에 골인하였다. 이 체크 시트는 당시 결혼을 준비하는 동료들 사이에 화제가 되었고, 이 파일을 동료들에게 분양하여 식사 대접도 받고 대인기(?)를 누리기도 했다.

준비와 기회가 만나면 성공이라는 열매가 생긴다.

선행관리는 정확한 예측을 전제로 할 때 그 의미가 더해지며 철저한 사전 대비가 된다. 선행관리의 최고의 장점은 경영에서 핵심 관리 항목인 시간의 축을 자기 중심으로 가져옴으로써, 보다 여유롭게 업무를 처리할 수 있게 되며 문제나 이슈가 발생했을 때 수정·대응할 시간을 확보할 수 있다는 점이다.

선행관리, 이것은 최고의 업무 경쟁력을 위한 핵심 중의 핵심이다.

상사를 감동시켜라

　일반적으로 조직에서는 상사가 부하를 관리한다고 생각한다. 그러나 프로 비즈니스맨은 다르다. 프로는 상사를 자기 업무 수행의 가장 효과적인 도움 제공자(helper) 혹은 툴로 활용할 줄 아는 사람이다. 조직에서 상사와 부하는 철저한 운명 공동체다. 상사의 성공이 부하의 성공이고, 부하의 성공이 상사의 성공이다. 단순히 상사의 지시를 받고 업무 수행을 하는 것만으로는 부족하며, 진정한 프로는 상사를 감동시킬 줄 알아야 한다.

　상사를 감동시킬 수 있는 가장 좋은 방법은, 먼저 상사와 업무 사이클을 맞추고 상사보다 반보 앞서 생각하고 미리 준비하는 것인데, 이렇게 되면 상사한테 관리받는 것이 아니라 자기가 상사를 관리할 수 있게 된다. 그런데 이때 주의점은 상사보다 너무 앞서가면 안 되고 반보 정도만 앞서가야 한다는 점이다. 이것을 조절할 수 있다면 클래스가 다른 업무 수행 능력을 보유하게 되고, 조직 내 일 순위 승진 자격을 갖춘 인재가 된다.

　또 한 가지는 조직에서는 상사가 제시한 목표보다 스스로 더 높은 목표를 자율적·의욕적으로 설정해야 한다는 것이다. 상사가 제시한 목표는 반드시 달성해야 하는 당연한 기본으로 생각하고, 거기에 나의 추가 목표를 덤으로 올려 비상한 노력을 기울이면, 개인적으로도 엄청나게 성장함은 물론 상사도 감동하게 된다.

삼성에서는 매년 경영 계획을 수립하고 이를 달성하게 되면 기본적으로 평균 등급인 C급으로 평가한다. 경영 계획을 초과 달성할 경우에만 A나 B의 상위 등급을 부여한다. 부단한 노력을 기울여 경영 계획을 초과 달성한 자는 대부분 상사를 감동시킨 사람들이다. 상사를 감동시키면 자동적으로 신뢰가 쌓인다.

삼성에서 임원으로 근무할 때의 일이다.

전반적인 경기 침체와 회사 실적 악화의 영향으로 경비 절감 운동이 벌어졌다. 회사 경비 축소의 일환으로 IFA(독일에서 매년 개최되는 대형 전자 전시회) 출장 인력에 대한 축소와 타이트한 관리를 하게 되었고 이에 따라 애초에 출장 준비를 했던 몇몇 인력이 부득이하게 출장 취소를 할 수밖에 없었다. 이 대리도 출장 취소 대상이었다. 이 대리가 조용히 나에게 면담 신청을 해 왔다. 그런데 이 대리를 직접 만나 얘기를 들어 보니 그의 출장에 대한 사전 준비가 정말 남달랐다. 그는 2개월 전부터 이번 전시회 전반에 대한 철저한 연구와 사전 이해는 물론 고객과의 사전 미팅 약속과 완벽한 준비를 해 왔다고 했다. 그리고 더 놀라운 것은 그는 고객 미팅을 전제로 이미 출장 결과 보고서까지 써 놓은 것이었다. 이 대리의 논리는 기본적으로 사전에 준비한 미팅 결과를 베이스로 고객과의 미팅을 적극적으로 유도하고 만약 수정 사항이 발생하게 되면 그 부분만 고치면 된다는 것이었다. 나는 너무나 감동받아 직접 지원 담당 임원을 찾아가 이 대리의 사전 출장 보고서를 보여 주며 그의 출장 필요성을 강하게 역설하였고, 함께 감동받은 지원 담당 임원으로부터 예외적으로 그의 출장 승인을 받았다. 이 대리는 진심으로 기뻐하며 출장 준비를 더 치밀하게 하였다. 실제 그의 출장 결과 보고서는 그의 사전 공언대로 고객 미팅 후 약간의 수정만 하여 귀국 비행기 탑승 전에 출장지 현지에서 한국으로 곧바로 송부되어 왔고, 우리 부서는 신속한 내부 공유를 통해 타 부서보다 한발 앞선 대응을 함으로써 조직 내 높은 평가를 받게 되었다. 이 대리는 정말 상사를 감동시킬 줄 아는 진정한 프로였다.

조직에서 성공하고 싶은 자, 반드시 상사를 감동시켜라.

나누어 점령하고 자문자답하라

　조직 내 문제 해결에 좋은 접근 방법 중 '나누어 점령하기(Divide and Conquer)'라는 것이 있다. 나누어서 점령하는 전략은 몽고가 낳은 세계 정복자 칭기즈 칸의 세계 정복 비결이기도 하다. **모든 복잡한 문제는 쪼개 보면 단순화되고 해결의 실마리가 보인다.** 회사 생활은 크고 작은 문제의 연속이며 업무는 그 해결 과정이다. 그런데 해결하기 어려운 과제에 부딪히면 업무 스트레스가 급상승한다. 심지어 어떻게 하면 좋을지 막막할 때도 많다.

　기본적으로 조직 내의 문제는 쉬운 것부터 빨리빨리 먼저 해결하면 된다. 또 어려운 문제도 나누어서 접근하다 보면 해결책이 보이고, 장기 목표도 단계별로 나누어 접근하다 보면 의외로 쉽게 해결되는 경우가 많다. 복잡하게 생각할 필요가 없다. 아무리 복잡한 문제라도 일단 쪼개서 문제를 보려고 노력하고 모든 문제와 이슈는 반드시 해결이 가능하다는 믿음을 가지고 달려들면 해결의 실마리가 보이기 시작한다. 실제 대부분의 상사도 복잡한 것을 싫어한다. 심플함, 즉 단순함은 조직 생활 및 사업 성공의 핵심 요건 중의 하나이다.

　삼성의 최고 경영진은 큰 꿈과 비전을 현실로 가능하게 만드는 방법을 제시했다.

"꿈은 현실로 된다. 꿈을 구체화하면 비전이 되고 비전을 구체화하면 전략이 되고, 전략을 구체화하면 계획이 되고, 계획이 실천이 되면 현실이 된다."

조직 내 이슈에 효율적으로 대응하고 상대방 입장에서 이해하는 능력을 키우는 가장 좋은 방법 중의 하나가 바로 Q&A를 통한 자문자답이다.

어떤 이슈이든지 그 이슈와 관련하여 사전에 고객 입장에서 여러 질문을 먼저 던져 보고 스스로 한 번 답을 해 보라. 프로젝트나 업무의 중요도와 크기에 따라 차이가 있지만 대체적으로 30~50개 정도의 Q&A를 준비하면 대응이 가능하다.

여기서 나아가 구체적인 대응을 하려면 먼저 '왜'란 질문을 계속 던져 보자. 이 업무를 왜 해야 하는지, 진짜 고객은 누구이며 그들은 무엇을 원하고 있는지, 경쟁사는 어떻게 하고 있는지, 당사만의 차별화 요소는 있는지, 누가 어떤 일정으로 언제까지 해야 하는 것인지 꼼꼼히 질문을 던져 보고 체크해야 한다. 그리고 계획대로 안될 경우 리스크 요소는 무엇이고, 대안(plan B)은 무엇인지 확인하여 함께 준비해야 한다.

성공적인 Q&A 작업을 하려면 먼저 스스로 질문하는 능력이 있어야 한다. 그것도 상대방의 입장에서 말이다. 여기에 더해, 항상 분명한 답을 준비해야 하고 또 그 답은 지속적으로 업데이트하는 것이 중요하다. 조직 내 모범 답안은 시간이 지남에 따라 변할 가능성이 언제든지 있기 때문이다. 구체적인 방법으로 사안에 따라 매주 월요일 혹은 매월 마지막 날을 자기 스스로 '업데이트의 날'이라고 정하고 주기적으로 해 나가는 것을 권하고 싶다.

그런데 여기서 한 가지 명심해야 할 사항은 자신이 답을 잘 모르거나 정확한 답변을 할 수 없는 경우에는 지체 없이 그 답을 가장 잘해 줄 수 있는 조직 내 사람을 찾아 도움을 요청하고 배워야 한다는 것이다. 타인의 능력과 역량을 자기 것으로 활용할 수 있는 사람은 참으로 훌륭한 역량 보유자이다. 이를 위해서는 필수적으로 평소에 원만한 대인관계를 만들어 두어야 한다.

Q&A의 진정한 효력은 상사에게 업무 보고할 때나 고객 미팅할 때 확실하게 나타난다. 자신이 예상하고 미리 답을 준비하고 있던 질문을 상사나 고객이 해 주었을 때 마치 기다렸다는 듯이 정확한 대답을 해서 높은 평가를 받는 일이 가능해진다. 그때의 그 희열감은 경험하지 못해 본 사람은 잘 모른다. 또한 심도 있는 Q&A는 업무에 대한 깊은 이해를 바탕으로 스스로에게 자신감과 안정감을 가져다주는 효과도 있다.

자신의 업무와 관련하여 사전에 철저히 Q&A를 준비하는 것은 성공적인 조직 생활을 위한 필수 항목 중의 하나이다.

성공사례는 벤치마킹하고
실패사례는 기록하라

　입사 이후 가장 많은 지시를 받았던, 그리고 임원이 된 후 스스로도 지시를 많이 했던 업무 중의 하나가 바로 경쟁사 벤치마킹(Bench-Marking)이다.

　벤치마킹이란 타 기업의 뛰어난 제품이나 기술, 경영 방식을 배워서 자신의 조직에 응용하는 일이며, 원래 미국 기업에서 시작된 경영 기법의 하나다. 성공적인 벤치마킹을 위해서는 밴치마킹의 대상, 적용 분야, 프로세스 및 성과 측정 지표 체크 등이 필수적인데, 가장 중요한 것은 벤치마킹 대상과의 차이를 발견한 후 이를 극복하려는 조직적이고 구체적인 개선 실천 노력이다. 비교만 하고 끝난다면 아무런 의미가 없다. 벤치마킹할 때 또 하나의 주의점은 부분적 벤치마킹은 본질을 왜곡할 수 있다는 점이다. 배우려면 통째로, 즉 시스템 차원에서 배워야 한다. 조직을 구성하는 많은 요소들은 서로 상관관계를 맺으며 함께 발전해 나가기 때문이다. 쪼가리 밴치마킹은 일시적 대증요법으로 끝나는 수가 많고 왜곡의 위험성도 존재한다.

　삼성이 여러 제품군에서 세계 1위가 되면서 패스트 팔로워(fast follower)에서 벗어나 새로운 퍼스트 무버(first mover)가 되어야 한다고 많은 분들이 얘기한다. 그러나 세계 1위 기업이 되어도 2위, 3위 기업에게 배울 것은 아직도 많다. 실제 삼성에서는 지속적인 벤치마킹 활동을 전개하면서 늘 긴장의 끈을 놓지 않고 있다.

자신의 장점을 유지하고, 타 기업을 벤치마킹하면서 자기 것으로 소화하여 끊임없이 앞으로 나아가는 것이 지속적인 글로벌 경쟁력 확보의 핵심이다.

그런데 벤치마킹은 기업에만 국한되는 개념은 아니다. 오히려 개인 레벨의 업무 벤치마킹도 당연히 필요하며, 이는 자신의 성장 모멘텀으로 작용하기도 한다. 유명한 경영자는 물론 **조직 내에서도 자신이 닮고 싶은 상사와 동료를 스스로 롤모델로 선정하여 자신의 수준과 비교하고 지속적인 개선 노력을 하다 보면, 언젠가 큰 바위 얼굴이 되어 오히려 벤치마킹의 대상이 된 스스로를 발견하게 된다.** 이것이 바로 건전한 조직의 생리다.

기업 내부의 실패사례 정리도 타 기업의 벤치마킹만큼 중요하다.

조직 내의 문제 해결은 하지 못하면서 고민과 걱정만 많이 하는 경우가 있다. 그러나 이것으로는 절대 해결이 안 된다. 신속한 해결을 위해서는 우선 시작하고 행동으로 옮겨야 한다. 그러다 보면 의외로 해결의 실마리가 쉽게 잡힌다. 조직에서는 작게 시작해서 빨리 실행하고, 실패하면 유용한 경험으로 정리하여 활용하면 된다. 단 조직이 허용하는 실패의 범위 내에서 말이다.

대학 입시를 준비하는 고3 수험생에게 중요한 것 중 하나가 오답 노트 정리다. 우리는 보통 틀린 문제를 계속 틀리게 마련이다. 따라서 오답 노트의 집중 공략은 성공적인 대학 입시를 위해 필수적이다. 회사에서도 마찬가지다. 이 오답 노트가 바로 실패사례의 정리다. 기업에서 100% 성공은 불가능하다. 실패할 가능성은 언제나 존재하며 실패했을 때 실패사례의 정리와 집중 연구를 통해 실패를 최소화하려는 노력은 향후 비즈니스의 성공 확률을 확실히 높여 준다. 경험만큼 큰 스승은 없고 인생에서 낭비는 없다. 의미 있는 도전일수록, 비즈니스 세계에서는 리스크와 실패의 가능성이 높게 존재한다. 실패했을 때 실패한 사례들을 반드시 복기하고 기록화해야 한다. 그리고 조직 내에 신속하고 철저하게 공유하여 실패 반복을 최소화할 수 있는 지침서로 활용하면 그 자체가 기업의 노하우 축적이요, 살아 있는 경영 교재이다.

『축적의 시간』이라는 책에서 서울대 이정동 교수는 한국 산업의 문제는 개념 설계 역량, 즉 백지에 그림을 그리는 역량이 부족한 것이라고 지적하고 시행착오 없이는 개념 설계 역량이 생기지 않는다고 강조한다. 결국 창의적 개념 설계는 무에서 창조되지 않으며 담대한 상상과 제언, 글로벌 챔피언 인재, 지난한 실패와 축적된 시행착오가 필요하다는 논리이다. "실제 샤오미 뒤에는 실패하고 있는 중국 기업이 무수히 많이 있어 그것이 더 무섭다"라는 그의 날카로운 지적은 상당한 설득력이 있으며 무척 공감이 간다.

그러나 대부분의 조직에서는 실패에 대해서 그렇게 관대하지 않고 오히려 책임을 물으려는 경우도 많다. 이는 조직 보수화와 퇴보로 가는 잘못된 길이다. 창의와 도전을 존중하는 문화는 건전한 실패를 용인하는 조직 문화에서부터 비롯된다.

건전한 실패를 장려하고 조직의 혁신성을 유도할 때 진정한 조직 발전은 이루어진다. 우리나라의 몇몇 기업에서도 최근 이런 움직임이 확산되고 있어 무척 고무적이다.

2010년 삼성은 '옴니아폰'이라는 윈도우 베이스 휴대폰을 의욕적으로 출시하였는데, 실패작으로 끝난 쓰라린 경험이 있다. 당시 옴니아폰은 스마트폰 개념이 없던 시대에, 통화와 문자 메시지 외에 다양한 멀티미디어 기능 등 상대적으로 우수한 기능을 제공하였지만, 새로운 스마트폰 콘셉트로 고객의 마음을 완전히 잡은 경쟁사 폰에 크게 밀렸다. 옴니아폰은 기대와는 달리 시장과 고객으로부터 '기존 터치 폰과 별 다름없다'라는 낮은 평가를 받게 되었고, 윈도우 베이스의 앱도 턱없이 부족했다. 깊은 내부 반성과 더불어 개발, 영업 등 관련 조직이 총동원되어 문제의 근본적인 실패 원인에 대한 치밀한 분석과 정리 작업이 이어졌다. 그리고 나서 옴니아의 실패를 거울삼아 새롭게 재무장하여 치열한 노력을 전개한 끝에 삼성은 안드로이드 베이스의 세계 최고의 스마트폰 '갤럭시'라는 대히트작을 만들어내고 화려한 경영 성과를 창출하게 된다.

조직에서의 실패는 단지 다른 길을 경험한 것일 뿐이며 성공을 위한 축적의 시간이다.

정리 능력과 발표력 업그레이드

업종이나 조직의 성격에 관계없이 **조직원이 가져야 할 핵심 능력**은 '문서 작성 능력'과 '발표력'이다.

먼저 회사 내 대표적인 문서 작성은 '보고서'와 '품의서'다. 인터넷의 급속한 보급으로 요즘은 아주 긴급한 이슈를 제외하고는 대면 보고보다는 온라인 결재와 보고가 활용되고 있다. 이럴 때일수록 문서 작성 능력이 더욱 돋보이게 되고 중요해진다. 좋은 보고서는 질문이 안 나오는 보고서다. 가장 이상적인 보고서는 보고받는 사람이 듣고 싶고 질문하고 싶어 하는 순서에 따라 정리하는 것이다.

따라서 상대방 입장에 서서 심플하고 논리적으로 명쾌하게 정리하는 훈련을 평소에 해야 한다. 문서는 결국 사고(思考)의 정리다. 이때 중요한 것은 상대방의 입장에서 보고서를 쓰는 능력을 갖추어야 한다는 점이다. 이것은 말은 쉽지만 매우 어렵다. 평소에 보고 받는 분이 어떤 스타일을 좋아하는지, 어떤 부분에 관심이 많았는지를 염두에 두고 핵심 사항 중심으로 가능한 심플하게 단문 중심으로 작성하는 것이 좋다. 단문의 대가인 신문사 대기자들의 선명하고 간결한 글을 참조해 보는 것도 심플한 보고서 작성에 많은 도움이 된다.

그리고 워드, 엑셀, 파워포인트는 모든 보고서의 기본 툴이므로 자유자재로 다룰 줄 알아야 한다. 시간이 모자라면 유튜브를 통해서라도 주말에 짬짬이 공부해 두면 좋다. 정리를 잘하면 전략이 나오고 문제 해결을 위한 대안도 나온다. 보고서의 중요도와 사업 성격에 따라 차이는 있지만 일반적인 사업 추진 계획 보고서는 다음과 같은 순서로 작성하는 것이 좋다.

1. 추진 배경과 목적

2. 시장 및 경쟁사 분석

3. 추진 목표

4. 추진 전략

5. 세부 달성 방안

6. 이슈 및 대응 방안

품의서의 경우는 핵심 사항 중심으로 가급적 1장으로 요약·정리하고, 나머지 자료는 별첨으로 돌리는 것이 좋다. 품의서 검토 과정에서 앞부분에 너무 상세한 정보가 나오면 상사의 질문만 많아지고 오히려 역효과가 나는 경우가 많다. 품의서는 다음과 같은 내용을 중심으로 짧게 요약하는 것이 좋다.

1. 품의 목적

2. 추진 사항

3. 예산

4. 이슈 및 대응 방안

조직에서 인정받는 보고서와 품의서를 쓰기 위해서는 업무를 프로세스적 관점으로 보는 능력을 키워야 한다. 자신의 업무를 '프로세스'와 '숫자'로 정리할 수 없는 사람은 그 업무를 모르는 사람이다. 삼성의 최고 경영진은 "경영은 자원과 프로세스의 관리이며 혁신의 연속이다"라고 하였다. 회사의 모든 업무에는 프로세스가 존재한다. 머릿속에 자신의 업무를 둘러싼 타 부서와의 관계 구조 그리고 업무의 연속적 흐름을 다이내믹하게 그릴 줄 알아야 선행관리도 가능하게 된다.

조직에서는 여러 과제나 이슈를 해결하기 위해 임시 TF팀을 구성할 때가 많다. 이때 TF 책임자의 가장 큰 숙제가, 문제 해결을 위해 해야 하는 모든 업무를 찾아내어 그룹핑하고 프로세스로 나누어 세부 액션 아이템을 정리하는 것이다. 그것을 누가 해결할 것인가는 그다음 문제이다. 전체의 틀을 잡고 세부적으로 어떤 프로세스가 문제 해결을 할 수 있는지 프로세스 관점에서 정리할 수 있는 능력이 조직원의 필수 역량이다.

문서 작성 능력 못지않게 중요한 것이 바로 발표력이다. 태어날 때부터 말을 잘하는 사람도 있지만 비즈니스 세계에서의 발표력은 스스로의 노력과 정성으로 얼마든지 올릴 수 있다. 먼저 고객 중심의 논리로 자료를 정리한 후, 연습하고 또 반복적으로 연습해서 자기 것으로 완전히 소화한 다음 자신감을 가지고 발표하면 된다. 외국어로 해외 고객 앞에서 발표할 때도 마찬가지다.

뛰어난 프레젠테이션 능력을 보여 준 스티브 잡스도, 실제 중요한 프레젠테이션이 있을 땐 발표 2주 전부터 자료를 계속 리뷰하는 것은 물론, 손동작과 발걸음 등 세세한 부분까지 조언을 받아 가며 사전 발표 연습을 했다고 한다.

좋은 발표를 위해서는 질문에 대한 철저한 사전 대비, 즉 Q&A의 준비도 필요하다. 또 유튜브의 TED(Technology, Entertainment, Design) 같은 강연 전문 채널에 자주 들어가 세계적으로 높은 수준의 멋진 발표 사례를 벤치마킹하는 것도 좋은 방법 중의 하나이다. 발표력은 나의 실력을 상대방에게 보여 주는 핵심 무기다.

사전에 철저히 자료를 준비하는 것은 물론, 발표 상황에 맞는 복장, 자신감 있는 약간 높은 톤의 목소리, 눈동자와 손동작 하나까지 철저히 생각하고 준비하면 조직 내에서 당신의 품격이 달라진다. 특히 마음의 힘은 목소리에서 나오므로 절대로 분위기에 주눅 들지 말고 자신감 넘치는 높은 톤의 목소리를 내는 것이 중요하다.

회사에서 프레젠테이션이나 보고를 할 때 가장 신경 써야 하는 것 중의 하나가 바로 '숫자'이다. 어떤 기업이나 조직이든 반드시 양적인 목표를 가지고 있다. 매출, 이익, 비용 등등 조직 전체의 목적을 달성하기 위해 업무와 관련된 숫자 목표를 반드시 가지고 가야 한다. 물론 업무의 속성상 계량화하기 힘든 부분도 존재하지만 깊게 고민해 보면 충분히 숫자화가 가능하다. 그런데 조직의 주요 성과 관리 지표(KPI, Key Performance Index)를 포함한 중요한 숫자는 반드시 머릿속에 달달 외워야 한다. 어떤 직원은 자기는 아무리 노력해도 조금만 복잡하면 잘 외워지지가 않는다고 푸념한다. 그가 못 외우는 이유는 매우 간단하다. 그 숫자를 자기 것으로 받아들이고 있지 않기 때문이다. 자신의 휴대폰 번호, 주민등록번호는 다 외우고 있다. 자기 것으로 절박하고 절실하게 받아들이면 다 외워진다.

숫자는 조직에서 최고의 가치이자 성과 검증의 기준이다. 기업 조직은 기본적으로 효율성을 추구하는데, 효율은 ROI로 측정된다. 회의나 보고 과정에서 정확하게 암기한 숫자를 활용하여 설명하면, 그 설득력이 배가됨은 더 말할 나위도 없다. 그런데 프로세스와 숫자는 계속 변하기 때문에 지속적인 업데이트가 필수적이다. 특히 틀린 과거의 숫자를 외우고 있으면 결정적인 순간에 실수를 하게 되고 조직 내 신뢰도가 실추된다. 따라서 업무 관련 숫자는 주기적으로 체크하고 반드시 업데이트해 두어야 한다. 특히 자신의 업무 수첩은 물론 휴대폰, PC 등 모든 업무 툴에 이 숫자를 업데이트해 두는 것이 매우 중요하다.

자신의 업무를 프로세스와 숫자로 치밀하고 정확하게 정리하고, 그것을 철저하게 선행관리와 목표관리 할 수 있는 사람이 핵심 인력이다.

제대로 된 보고

조직 생활을 하다 보면 보고는 거의 매일 이루어진다. 문자, 전화, 메일 그리고 구두 보고 등 보고의 형태나 방법도 다양하다. 하지만 상사에게 업무 보고할 때 반드시 명심해야 할 사항이 있다. 그것은 바로 상사의 입장에서 서서 보고를 준비해야 한다는 것이다. 너무나 당연한 얘기지만 바쁘게 쫓기는 실제 상황에서는 쉽게 되지 않는 경우도 많다.

성공적인 보고는 내가 말하고 싶은 내용을 말하는 것이 아니라 상사가 듣고 싶어 하는 보고의 패턴을 활용하여 그 위에 나의 보고를 올려놓는 것이다.

보고는 자신을 위한 것이 아니라 보고 받는 분의 것이다. 상사도 부하도 모두 고객이다. 고객과의 진정한 소통은 너무나 당연하고 중요하지만, 정말 어려운 점은 언제나 상대방 입장을 먼저 고려해야 한다는 것이다.

대부분의 회사의 업무 보고는 '두괄식'이 되어야 한다. 즉, 결론부터 먼저 보고해야 한다. 그것도 1분 내로 승부를 내야 한다. 보고자의 입장에서는 보고 받는 사람이 찬찬히 자신의 얘기를 들어주기를 기대하지만 실제 그런 일은 일어나지 않는다.

거의 대부분의 상사는 지금 내가 하고 있는 보고 내용 이외에도 많은 보고를 받아야 하며 늘 바쁜 것이 현실이다. 나의 보고를 위해 할애해 주는 상사의 뇌의 용량과 메모리가 제한되어 있다. 즉, 내가 보고하는 그 순간에도 상사의 머리 일부는 다른 이슈로 늘 가동되고 있다는 것을 염두에 두어야 한다. 따라서 보고는 가능한 한 짧게, 핵심 사항 중심으로, 결론부터 하도록 준비해야 한다. 보고는 핵심 사항 중심의 메시지 전달 행위다.

특히 비즈니스 보고서는 추상적인 공자님 말씀이 아니라 구체적인 액션 중심으로 정리해야 한다. 즉, 보고 내용에는 무엇을, 누가, 언제까지 할 것인가가 명확히 정리되어야 한다. 성공적인 보고는 결국 다음 단계 실행을 전제로 한, 상대방이 알기 쉬운 스토리텔링이기 때문이다.

한번은 그룹 경영진 보고로 서초 사옥에 간 적이 있다. 오후 3시 보고라 조금 여유롭게 출발했는데도 수원에서 올라가는 차가 막혀 거의 2분 전에 도착했다. 주차장부터 헐레벌떡 달려 엘리베이터를 타고 위로 올라가는 버튼을 눌렀다. 그런데 혼자 급히 올라가려고 하는데 문이 거의 닫히기 전 바로 전 누군가 엘리베이터 오픈 버튼을 누르는 것이 아닌가. 순간 급한 마음에 조금 짜증이 났는데 타시는 분이 삼성의 최고 경영자였다. 이 무슨 황당한 상황인가.

좁은 엘리베이터 안에 잠시 정적이 흐른 다음 "요즘 B2B 업무는 어떻습니까?"라는 최고 경영자의 질문이 있었고, 온몸에 식은땀을 흘리면서도 평소에 준비해 둔 정리된 논리로 그 자리를 잘 넘겼다.

그런데 이러한 엘리베이터 보고는 조직 내 언제든지 발생할 가능성이 높다. 반드시 엘리베이터가 아니더라도 조직에서 이런 상황은 자주 부딪치게 된다. 그런데 이 짧은 시간에 의해 사람에 대한 평가가 좌우되는 경우가 많고, 다른 한편으로는 이 시간이 자신의 실력을 피력할 엄청나게 좋은 기회가 되기도 한다.

엘리베이터 보고 시 중요한 점은 2~3분 이내에 포인트 중심으로 승부를 내야 한다는 것이다. 이를 위해서는 **자신의 업무를 항상 핵심 사항 중심으로 머릿속에 정리하고 있어야 한다.** 구체적으로 업무 관련 진행 상황, 이슈 등을 늘 결론 중심으로 준비해 두어야 하는데, 이때 가능한 짧게 핵심 2~3가지 키워드(제목) 위주로 정리하는 것이 좋다. 전체적 상황을 키워드 중심으로 설명한 다음 상대방이 관심을 가지고 추가 질문을 해 오면 기다렸다는 듯이 하나씩 세부 설명으로 들어가는 것이 설득력을 높이는 좋은 방법이다.

조직에서 보고를 할 때나 받을 때 특히 중요한 것이 바로 타이밍이다.

타이밍을 놓친 뒤늦은 보고는 보고가 아니라 통보이다. 통보를 받은 상사는 결코 유쾌하지 않다. 보고의 목적 중의 하나가 현 상황에 대한 정확한 전달과 이에 따른 의사 결정인데, 타이밍을 놓치면 아무런 의미가 없게 된다. 요즘은 보고의 타이밍을 맞추는 데 스마트폰보다 더 좋은 것이 없다. 스마트폰은 전화, 문자, 이메일 등 다양한 방법을 활용하여 거의 리얼타임으로 보고를 진행할 수 있다는 장점이 있기 때문이다.

어떤 이슈나 긴급 상황이 발생했을 때는 신속하게 먼저 보고를 해야 하는데 이때 보고받는 분의 상황을 고려하여 적절한 방법을 택해야 한다. 일반적으로는 긴급 상황과 이슈 발생 때는 일단 먼저 핵심 내용만 육하원칙에 따라 간단히 문자로 보고를 드리고, 진행 단계별로 전화나 메일, 보고서 등 상황에 맞는 추가 업데이트 보고를 이어서 하는 것이 좋다.

또 보고할 때 한 가지 주의점은 직속 상사를 건너뛰어 그 위의 상사에게 자기 멋대로 절대로 보고하지 않아야 한다는 것이다. 이럴 경우 직속 상사는 일반적으로 조직의 위계질서가 무너졌다고 생각하고 무척 싫어하게 된다. 만약 직속 상사가 출장이나 부재중이어서 불가피한 상황이 발생한 경우는 미리 문자나 전화를 통해 사전에 양해를 구하고, 반드시 나중에 보고 결과를 별도 업데이트해 드릴 필요가 있다.

사람마다 차이는 있을 수 있으나 일반적으로 보고는 가급적 자주 많이 하는 것이 좋다. 보고 시간은 상사와 연결 고리를 가질 수 있는 기회이고 상사도 인간인 이상 접촉이 많아질수록 더욱 친밀감이 생기기 마련이다. 특히 중요한 안건의 경우에는 처음과 끝만이 아니라 업무 추진 과정에서 '중간 업데이트 보고'도 필요하며, 이렇게 되면 나중 최종 보고 때 한결 수월해지는 경우가 많다.

상사와의 관계는 접촉의 질(quality)도 중요하지만 횟수 또한 의미가 크다. 보고라는 지속적인 과정을 통해 자신의 존재를 각인시킬 수 있기 때문이다. 이런 측면에서 상사와 나눈 활기찬 아침 인사는 또 다른 측면의 스마트한 예비 보고이며, 이는 상사와의 간격을 좁혀 줄 뿐만 아니라 정식 업무 보고할 때에도 상당한 메리트로 작용한다.

효율적 회의

경험상 직장 생활의 1/3은 회의였던 것 같다. 다양한 목적에 따라 실적 점검 회의, 정보 공유 회의, 아이디어 회의 등을 하기도 하고, 주기별로 주간 회의, 월간 회의, 연간 경영 회의 등을 하기도 한다. 회의만큼 조직의 의사 결정을 효율적으로 전달하고 업무를 추진하기에 좋은 매개체도 없는 것 같다. 그런데 실제 비용으로 환산하면 많은 기업은 회의에 엄청난 투자를 하고 있는 셈이다. 어떤 회의든 분명히 목적이 있으므로 이 목적을 달성하지 못한 채 종료된 회의는 비생산적이라고 할 수밖에 없다. 예를 들어 시간당 실질 인건비가 5만 원인 사람이 10명 모여 1시간의 회의를 했다면, 단순 계산으로도 50만 원의 회의 비용이 발생했는데 회의가 끝난 후 소기 목적을 달성하지 못했다면 결국 그 돈을 낭비한 것이 된다. 회의 효율화가 필요한 이유다.

효율적이고 생산적인 회의를 위해서 삼성에서는 과거 '회의 337' 운동을 전개한 적도 있다. 회의 337은 의미 있고 효율적인 회의를 위한 3가지 사고방식, 3가지 원칙, 7가지 지침을 말한다.

1. 3가지 사고: 회의 필요성 체크, 회의 간소화, 다른 회의와의 통합
2. 3가지 원칙: 회의 없는 날 운영, 회의 시간은 1시간이 베스트, 회의록 1장
3. 7가지 지침: 시간 엄수, 회의 경비 표시, 참석자 최소화, 회의 목적 명확화, 회의 자료 사전 배포, 참석자 전원 발표, 회의록 결정 사항 중심 최소화

회의 효율화를 위한 매우 이상적인 내용을 모은 주옥같은 내용이지만 실제 현장에서 이 모든 것을 실천하기는 상당히 어려운 것이 현실이다.

회의 효율화를 위해서는 특히 리더의 역할이 절대적으로 중요하다. 실제 회의 주재자가 거의 대부분의 얘기를 해 버리고 그냥 끝내 버리는 경우도 있다. 이런 회의에 참석한 직원들은 대부분 받아쓰기로 일관하고 회의가 비효율적이라는 느낌을 받는다. 회의(懷疑)적인 회의로 끝나면 조직의 생산성은 급격히 떨어진다.

회의는 집단지성을 최대한 활용하는 공간이다. 따라서 회의 참석자들의 아이디어와 중지(衆智)를 효율적으로 모으는 작업이 무엇보다 중요하다. 왜냐하면 회의 결정 사항의 실질 추진 주체는 그 회의의 참석자인 경우가 많고, 자신의 의견을 적극적으로 제안한 참석자들은 스스로 의견을 낸 사항에 대해서는 책임감을 가지고 수행하려고 하는 경향이 강하기 때문이다. 의미 있는 회의를 위해서는 회의 참석자를 최소화하고 참석자 모두가 적극적으로 의견을 개진하는 분위기를 유도하는 것이 필요하다. 그리고 무엇인가를 결정하는

회의였다면, 리더는 반드시 최종적인 의사 결정을 내리고 그 회의를 마무리해야 한다.

또한 회의 참석자들도 자신의 생각을 적극적으로 발언할 수 있도록 의도적으로 노력해야 한다. 회의에 참석했는데 아무런 얘기도 하지 못하고 나왔다면 실은 그 회의에 참석할 필요와 자격이 없는 사람이다. 회의를 통한 멋진 의견 발표를 통해 자신의 실력과 실력을 적극적으로 조직에 보여 줄 필요가 있다. 실제 조직에서의 평가는 평가 기간에만 국한되어 이루어지는 것이 아니라 평소의 회의나 보고 과정을 통해서도 이루어진다. 그 당시 함께 있던 상사나 주위 동료들에게 의견을 개진하는 모습이 강하게 각인되고 그것이 그 사람의 실력과 역량의 이미지로 누적되기 때문이다.

그리고 회의 시간에 자신의 의견을 제시할 타이밍을 잘 잡는 것이 중요하다. 상대방과 다른 주장과 의견을 얘기할 때는 상대방의 의견을 존중해 주는 코멘트로 먼저 시작하는 것이 좋다. 예를 들면 "앞부분에 박 과장님이 하신 얘기도 충분히 공감이 갑니다만, 저는 조금 다른 방법으로 접근해 보면 어떨까라는 생각을 한번 해보았습니다"라고 하는 식이다. 먼저 나서는 것보다는 다른 분들의 얘기를 잘 듣고 나서 항상 겸손한 태도로 논리를 펼치면, 거부감도 낮아지고 자신의 의견이 채택될 가능성도 높아진다.

규모에 상관없이 당신이 어떤 조직의 리더라면 주요 멤버들과 아침에 30분 정도의 티(tea) 미팅을 해 보라고 경험상 권하고 싶다. 티 미팅 후 이어지는 업무 확정 스케줄을 미리 잡아 놓아 늘어짐을 방지하되, 부드러운 분위기 속에서 커피 한잔하면서 아이디어를 교환하는 짧은 회의 시간을 가지면 솔직한 의견 교환과 친밀도 제고 등 의외로 많은 성과를 얻을 수 있다.

또 하나 권할 만한 회의는 가끔씩 리더 자신은 일체 얘기를 하지 않고 참석한 전원이 한마디씩 하도록 하는 회의이다. 그러면 리더의 적극적인 의견 청취의 자세를 보여 줄 수 있을 뿐만 아니라 다양하고 의미 있는 의견을 모을 수 있다.

덧붙여 회의 장소를 리더의 집무실로 잡기보다 현장 또는 직원들이 근무하는 곳으로 정할 것을 추천한다. 리더가 직접 나가 회의를 하는 것이다. 사소하게 장소만 바꾸어도 훨씬 더 창의적이고 건설적인 아이디어가 나오는 분위기가 조성되며 조직에는 새로운 바람이 분다.

진정한 효율적인 회의는 항상 회의 비용을 의식하면서, 리더가 솔선수범하고 참석자가 적극적으로 참여하며 새로운 변화를 함께 추구해야지만 가능하다.

출장 사전 준비와 지역 연구

    회사 생활을 하다 보면 갑자기 급한 이슈가 발생하여 사전 준비가 충분히 되지 않은 상태에서 해외 출장을 가야 하는 경우가 가끔 발생한다. 어처구니없지만 나는 급하게 출발했다가 비자가 종료된 것도 확인하지 못한 채 공항에서 다시 그냥 회사로 돌아온 경험도 있다. 출장 목적과 지역에 따라 출장 사전 준비물은 차이가 있을 수 있지만 대체로 공통적인 해외 출장 준비물 사전 점검 사항은 아래와 같다.

해외 출장 준비물 및 사전 체크 사항

1. 여권: 유효 기간 6개월 전인지 확인
2. 비자 확인: 비자 만료 시점 사전 체크
3. 출장 자료: 꼭 필요한 자료는 반드시 프린트아웃
4. 호텔 및 미팅 장소의 주변 지도: 해당 지역 연구 자료 포함
5. 출장 기간 중 현지 날씨 확인
6. 세면도구와 여분 옷: 현지 날씨와 기온 확인하여 준비
7. 휴대폰 충전 기기와 전원 확인(100v/220v)
8. 휴대폰 로밍
9. 환전: 현지 화폐, 신용카드를 사용하더라도 현금이 필요한 경우와 팁 등 고려

10. 선글라스: 지역에 따라서는 강한 자외선 차단용으로 필요
11. 머플러: 급격한 온도 조절에 대응
12. 국제운전면허증: 렌터카용, 한국 운전 면허증도 함께
13. 운동화: 현지에서 간단한 운동할 때 필요
14. 현지 긴급 연락처
15. 여권 재발급용 증명사진 및 여권 카피: 분실 대비 별도 보관 필요

보통 비즈니스맨의 해외 출장 일정은 '공항 → 호텔 → 고객사 미팅'이 대부분이고 이러다 보면 정작 방문한 지역에 대해서는 제대로 알지 못하는 경우가 많은데, 진정한 글로벌 비즈니스를 위해서는 그러지 않는 것이 좋다. 현지 회사와의 성공적인 비즈니스 미팅을 수행하려면 그 나라의 역사와 문화, 사회 그리고 언어에 대한 이해가 반드시 필요하다. 출장 기간 중 주말이 있거나 혹시 시간이 허락하면 가능한 그 나라의 박물관, 미술관 등 문화 유적지를 방문해 보라고 권하고 싶다. 물론 사전 인터넷을 통한 정보 입수 및 공부도 필요한데, 이러한 노력은 비즈니스의 화제도 풍부하게 하고 비즈니스 자체의 성공 가능성도 높여 준다.

1992년부터 시작된 삼성의 '해외지역전문가 제도' 또한 이런 배경에서 만들어진 글로벌 전문가 육성 교육 프로그램이다. 나는 1993년 3월부터 다음 해 2월까지 1년 동안 삼성의 독신파견 해외 지역 전문가로 선발되어 일본에서 교육을 받은 적이 있다. 당시는 피 끓는 대리 시절이어서 일본 사투리까지 철저히 일본어를 공부했고, 일본 전역을 누비면서 주요 명소 300군데 이상을 직접 방문하고 연구했다. 이를 통해 일본의 역사, 문화, 사회, 정치 시스템 전반에 대한 이해의

폭을 넓혔고, 연이어 1995년부터 2005년까지 일본 주재원 생활을 10년간 하며 명실공히 조직 내 일본 전문가의 한 명으로 자리매김할 수 있었다. 특히 지역 전문가 1년 동안 일본에 대해 집중적으로 했던 공부는 일본 전문가로 가는 핵심 코스였고 지금도 일본 비즈니스에 자신감을 갖게 된 인생의 전환점이자 결정적 계기였다.

진정으로 글로벌 비즈니스를 하려고 하는 사람은 자신의 비즈니스 대상 국가를 사랑하고 총체적으로 깊이 있게 공부해야 한다. 그것이 글로벌 비즈니스 성공 비결이기 때문이다. '지피지기면 백전백승'이다.

미래의 지원군을 만드는 인맥 쌓기

조직은 사람들의 집합체이다. 사람은 여러 인연을 맺게 된다.

개인적인 인연도 있겠지만 회사에서 만난 대부분의 사람들은 사회와 직장에서 처음 만난 사람들이다. 순수한 학창 시절과는 달리 이해관계가 맞아 떨어지지 않으면 쉽게 본마음을 드러내어 사귀기도 쉽지 않다. 따라서 조직에서 인맥은 그냥 만들어지는 것이 아니라 스스로 부단히 노력을 기울이고 적극적으로 움직여야 만들 수 있다. 이를 위해서는 조직 내 업무를 프로세스 관점에서 이해하고 업무 프로세스와 관련된 여러 부서와 중요 인물(key-man)들을 파악해야 한다. 회사 규모와 성격에 따라 차이가 있겠지만 업무를 수행하다 보면 기획팀, 지원팀, 인사팀 등 조직 내 공통 업무를 수행하는 부서와는 직간접적으로 관련을 맺게 되고 이들로부터 업무 협조와 지원을 받아야 할 경우가 많다. 조직이 크든 작든 반드시 관련 부서와의 사람과 관계를 맺게 되는데, 이때 반드시 좋은 인상을 남겨야 한다.

구체적인 회사 내 인맥 만들기 방법을 제안하면 다음과 같다.

첫째, 무엇보다 가장 중요한 인맥은 자신의 바로 위 상사임을 잊지 말자. 이 관계가 잘못되면 직장 생활이 힘들어지고 많은 것을 잃게 된다. 상사와 관계를 잘 맺으려면 최선을 다한 업무 자세로 상사를 감동시키는 것이 가장 좋다. 상사와 나를 동일한 운명 공동체로 인식하고 가면 된다. 그렇다고 무조건 예스맨이 되라는 것은 절대 아니다. 소신껏 최선을 다해 상사를 지원하면 자동적으로 신뢰와 인맥이 형성된다.

둘째, 입사 동기 혹은 비슷한 시기에 입사한 동년배 동료들과 친하게 지내자. 조직에서 가장 편하게 만날 수 있고 오픈 마인드로 업무의 고충 상담을 할 수도 있으며 정보를 나누기에도 가장 좋은 사람들이다.

셋째, 회사 내 멘토를 찾아라. 자신이 진정으로 배우고 닮고 싶은 사람이 발견되면 적극적으로 다가가 멘토 요청을 부탁하는 것도 좋다. 직장 내에서 멘토가 될 만한 분은 대개 무척 바쁘신 분들이다. 바빠서 어렵다고 거절하더라도 진심으로 다가가 삼고초려(三顧草廬)의 자세를 보이면 받아 주실 것이다. 훌륭한 멘토는 미래 자신의 성장 원동력이 된다.

넷째, 점심시간을 효율적으로 활용하자. 일반적으로 사람이 서로 친해지려면 자주 만나거나 함께 식사를 하거나 여행을 같이 가면 좋다. 1시간 정도의 짧은 점심시간이지만 함께 식사하면서 편하게 얘기를 나누다 보면 자연스럽게 친해지고 좋은 인맥을 만들 수 있는 기회가 된다. 보통 회사에서 점심 식사는 자신이 속한 팀이나 부서 직원들과 함께 하는 것이 일반적이다. 물론 이것도 중요하지만 가끔

씩은 타 관련 부서 직원들과 일부러라도 일정을 만들어 함께하는 시간을 갖자. 인맥을 만드는 데 아주 유용한 방법이다. 특히 업무상 관련된 타 부서의 키맨들과 함께 식사를 하면서 좋은 관계를 맺어두면 결정적인 순간에 많은 도움을 받을 수 있게 된다. 그리고 이때 가능한 한 자기가 점심을 사라. 이 세상에 부담 없는 점심을 사 주는 사람을 싫어하는 사람은 없다.

다섯째, 각종 동호회와 취미 활동을 활용하자. 사내외 불문이다. 같은 취미를 공유하는 사람들끼리는 대화 소재도 찾기 쉽고 친해질 가능성도 높다. 동호회 활동은 자기 부서 이외의 사람들과 자연스럽게 교류할 수 있는 장이 될 뿐만 아니라 새로운 정보를 얻고 사고의 외연도 넓힐 수 있다. 사내 동호회뿐만 아니라 외부 스터디 그룹(study group)에서 적극적으로 활동하는 것도 권하고 싶다. 자신과 다른 세계에 살고 있는 사람들과도 활발하게 만나 그들의 얘기를 듣고 공부도 하고 다양한 세상의 변화를 느끼고 정보의 안테나를 높이면 좋다. 집과 회사만을 왔다 갔다 하는 다람쥐 쳇바퀴 돌아가는 듯한 직장 생활은 정신 건강 측면에서도 결코 바람직하지 못하다. 온실 속의 화초는 경쟁력이 떨어진다. 다양한 모임을 통해 인맥 채널을 형성하고 이문화(異文化)와 적극적으로 접촉하면 생각의 스펙트럼이 확장되며 항상 깨어 있을 수 있다. 개인적으로 나는 한일 간의 바람직한 미래 협력 방안을 주로 연구하고 공부하는 '21세기연구회'라는 외부 스터디 그룹에 가입되어 있는데, 새로운 시각과 지식 입수는 물론 인맥 확대에도 매우 유익하다. 참석자는 외교관, 신문사 특파원, 기업 주재원, 일본어 선생님, 일반 직장인 등 무척 다양하며, 참석할 때마다 다양한 시각을 접하고 많은 것을 배우고 느끼게 된다.

인맥 만들기를 위한 가장 좋은 자세는 자기가 먼저 베푸는 것이다. 인간은 기본적으로 이기적인 동물이다. 그런데 상대방보다 자기가 먼저 베풀면 누구나 고마워하고 다 좋아하게 되어 있다. 일순 자기 손해로 보일지라도 결코 그렇지 않다.

또한 약속을 잘 지키는 사람이 되어야 한다. 특히 시간 약속은 가장 중요하다. 회사 생활하면서 나의 손목시계는 정시보다 늘 5분 앞당겨 놓았다. 시간 약속을 잘 지키기 위해서다. 약속은 신용이며 신용은 모든 인간관계의 기본 바탕이다.

마지막으로 스스로가 끊임없는 노력을 통해 전문 지식과 실력을 갖추어야 한다. 사람은 누구나 만나서 뭔가 건질 것이 있는, 다시 말해 자신의 성장, 발전에 도움을 줄 수 있는 사람을 만나기를 좋아한다. 따라서 상대방에게 호감을 살 수 있는 자신의 매력 만들기를 지속적으로 해 나가는 것이 진정한 인맥 만들기의 기본이다.

자신의 노력으로 구축한 인맥은 조직 내외에서 엄청난 지원군으로 다가온다. 앞으로 치열한 비즈니스 전투에서 자신의 인맥 지원군의 도움으로 많은 승리를 거두게 될 것이다.

자신이 먼저 베풀면서 구축한 소중한 인맥은, 스스로의 귀중한 경영 자산이다.

싫어도 영어 공부

회사 생활을 하다 보면 외국어, 특히 영어를 잘하는 사람이 무척 부러워질 때가 많다. 온 세상은 점점 가까워지고 있고 규모와 업종에 관계없이 우리는 글로벌 비즈니스 시대에 살고 있다. 물론 영어를 못한다고 글로벌 비즈니스를 못한다는 것은 아니다. 하지만 이럴 경우 대부분 상당히 불편하고 비즈니스 성공 가능성도 떨어지게 된다.

삼성에서는 직원들을 위한 외국어 생활 과정이라고 하는 외국어 집중 교육 프로그램이 있어, 2~3개월 합숙하면서 영어, 일어, 중국어 등 해당 외국어만 사용하게 하고 하루 종일 공부하게 하는 특별한 연수원이 있다. 운이 좋게도 부장 때 나는 이 연수원 3개월 영어 과정에 입과할 기회가 있었다.

그런데 교육 입과 첫날 무척 쇼크를 받았다. 담당 영어 강사님께서 "여러분들이 영어를 잘 못 하는 이유는 영어 공부를 제대로 안 해서 그런 겁니다"라고 하는 것이 아닌가. 중학교부터 대학원까지 그리고 회사 입사하고 나서도 '영어, 영어' 했는데 무슨 말인가. 그런데 실제 우리가 이제까지 영어 공부에 투자한 시간을 곰곰이 돌이켜보면 미국의 초등학생 수준에도 미치지 못하는 영어 노출과 공부 시간이었고, 제대로 영어를 하기 위해서는 정말 태부족이었다는 것을 깨닫게 되었다. 영어는 필수이고 미래 생존 도구다. 뛰어난 영어 능력은 회사 입사 및 승진의 필수 조건이기도 하다. 좋든 싫든 적어도 영어 공부는 매일매일 반드시 해야 한다. 아니 영어 공부를 하지 말고 그냥 습관으로 만들어 즐기면 된다.

또 하나 영어 공부 관련해서 하고 싶은 얘기는 아무리 영어 공부를 해도 우리는 원어민은 될 수 없다는 것이다. 하지만 비즈니스 현장 경험상 문법이 틀리거나 완벽하지 않은 영어라도 충분히 의사소통을 해낼 수 있다. 여기서 중요한 것이 자신감이다. 언어는 의사소통을 위한 한 부분이다. 과감히 부딪히고 노력하고 앞으로 조금씩 나아가면 된다. 단 매일매일 공부하면서 수준을 높이는 것은 당연한 기본 전제다.

요즘 영어 공부 수단은 지천에 널려 있다. 팝송이든, 외국 영화든, 미국 드라마든, 자신에게 맞는 다양한 영어 공부 앱이나 유튜브를 이용하면 마음먹었을 때 언제든지 공부할 수 있다. 영어에 왕도는 없지만 경험상 좋은 영어 문장과 표현을 통째로 외우고 큰 목소리로 입으로 되뇌면서 반복하여 자기 것으로 만들면 빠른 속도로 영어 실력이 올라간다. 실제 어떤 문장이든지 30번만 큰 목소리로 소리 내어 가며 암기하다 보면 놀라운 성과가 나타난다. 사원 시절에 일부러 지하철에서 목적지보다 한 정거장 앞에서 내린 다음 20분 정도 걸어가면서 영어 단어장에 정리해 둔 중요 영어 문장을 반복하여 중얼거리면서 외웠고, 이것은 실제 상당한 효과가 있었다. 부족한 운동을 걸으면서 체력 보완도 하고, 영어 공부도 하는 그야말로 일석이조의 방법이었다.

비즈니스 영어에서 특히 가장 기본이 되는 '메일'과 '프레젠테이션' 영어는 별도로 집중 공부할 필요가 있다. 일반적 생활 회화와는 다른 보다 전문적이고 특별한 표현이 많기 때문이다. 외국어도 결국 흉내이고 모방이다. 먼저 원어민의 멋진 비즈니스 영어 표현을 패턴별로 따라 하면서 반복적으로 공부하다 보면 어느 순간에 자기 것으로 만들 수 있고 한 차원 높은 비즈니스 영어를 구사할 수 있게 된다.

논어에 "학문(學問)은 여역수행주(如逆水行舟)하여 부진즉퇴(不進則退)니라"라는 말이 있다. 해석하면 '학문이라는 것은 물을 거슬러 올라가는 배와 같아서 나아가지 않으면 곧바로 후퇴하게 된다'라는 뜻이다. 여기서 말하는 학문이 바로 영어 공부 같다. 매일 영어 공부를 한다고 실력이 좋아지는 게 금방 느껴지지는 않지만 하지 않으면 틀림없이 후퇴하게 된다. 우리가 영어를 못하는 이유는 꾸준함이 받쳐주지 못했기 때문이다. 이는 결국 절실함(desperate)의 부족에서 비롯된다. 좋든 싫든 힘들고 어렵더라도 마음을 가다듬고 앞으로 나아가는 수밖에 없다. **영어를 타도의 대상이 아니라 인생의 그림자 같은 영원한 동반자로 만들면 된다.**

인생에서 진정으로 레벨 업 하고 싶고, 가족들과 해외여행 시 멋진 부모의 모습을 보이고 싶으면, 하루 30분 이상 반드시 영어 공부하라. 준비하고 있으면 언젠가 틀림없이 기회가 온다.

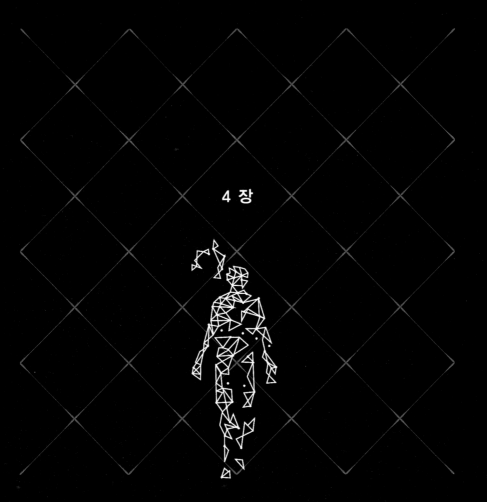

4 장

리더가 된 프로는 이렇게 일한다

리더는 힘들지만 해 볼 만하다

리더는 여러 사람들이 우러러보는 자리다. 하지만 철저하게 외롭다. 세상에는 공짜가 없다. 특히 나는 중소기업이나 벤처 기업의 사장은 개인적으로 전생(前生)에 지은 죄가 많은 사람들이라고 주장한다. 그만큼 너무 힘들기 때문이다.

일본에서 벤처 회사의 사장으로 근무한 5년간은 나의 회사 생활 중 가장 힘들고 어려운 시기였다. '인재'와 '자금'이라는 핵심 경영 자원의 부족 속에서도 직원들에게 불안감을 주지 않기 위해 겉으로는 포커페이스를 유지하면서 매일매일 조직을 살아 숨 쉬게 해야 했을 뿐만 아니라 감당하기 어려운 리스크를 안고 최후의 의사 결정을 해야 하는 그 자리는 있어 보지 않은 사람이라면 그 어려움과 고통을 헤아리기 어렵다.

리더(leader)는 관리자(manager)와 다르다. 리더는 미래를 예측하고 준비하는 데 반해 관리자는 일어난 문제를 해결하는 사람이다. 리더는 조직을 키우는 큰 그릇이 되어야 한다. 리더의 크기가 바로 조직의 크기다. 어떤 조직이든 리더의 수준을 뛰어넘는 조직은 존재하지 않는다. '코이'라는 이름으로 잘 알려진 비단잉어는 어항 속에서는 5㎝밖에 성장하지 못하는 데 반해, 연못에서는 25㎝, 저수지에서는 120㎝ 넘게 자랄 수가 있다고 한다. 중국 노신(鲁迅)의 글처럼 원래 땅 위에는 길이 없었다. 걸어가는 사람이 많으면 길이 되는 것이다. 리더는 이 길을 최초로 개척해야 하고 때로는 작은 칼을 가지고 리스크를 안고 밀림에도 뛰어들어야 한다.

리더는 '일관성'과 '유연성'이라는 두 가치 사이에서 끊임없이 번뇌하며 결단의 연속에서 살아간다. 일관성은 조직 내 미래를 예측 가능하게 하고 조직원 신뢰의 바탕이 되지만, 경영 환경 변화에 유연하게 대처하지 못하는 상황도 자주 발생하게 되어 그 상충 관계 때문에 늘 고민하게 된다. 그런데 경험상 일관성이 유연성보다 더 큰 비중을 차지하여야 기본적으로 조직이 안정된다. 즉, 70~80%의 의사결정은 조직의 일관성을 유지하는 데 더 중점을 두어 조직의 안정성을 유지하면서, 불가피하고 시급할 경우 예외적으로 탄력성을 가지고 변화에 신속하게 대응하는 것이 바람직하다. 조직에서는 의사 결정 자체가 중요한 비용 발생 원인이며 수익 창출과 직결되어 있으므로 늘 신중하게 행해야 하며, 결정한 내용은 신속하게 추진되어야 한다.

리더는 결국 소명의식을 가지고 스스로 위기의 벽을 돌파해 가야 한다.
리더는 외롭고 힘들다. 반면 성공한 리더에게는 많은 보상도 기다리고 있다. 경제적 풍요로움은 물론 사회적 위치와 명예 등 많은 것을 향유하게 된다. 더욱 의미 있는 것은 어려운 역경을 뚫고 사업에 성공했을 때 스스로에 대한 뿌듯한 자부심과 높은 성취감, 인생의 희열 그리고 삶의 의미와 존재 가치가 급격하게 높아진다는 것이다. 이는 경험해 본 사람은 다 안다.

크든 작든 리더의 그 길은, 길지 않은 인생에 꼭 한 번 도전해 볼 만한 높고 가치 있으며 숭고하고 위대한 길이다. 그 이름과 영예는 영원히 남기 때문이다.

선행적 시간 관리와 가설 검증 경영

회사 생활은 매일 시간과의 싸움의 연속이다. 되돌아보면 30년의 회사 생활 동안 충분한 시간적 여유를 가지면서 업무 지시를 받고 수행한 적은 거의 없었던 것 같다. 대부분의 업무는 타임라인에 쫓기면서도 마지막 순간까지 최선을 다하면서 달려왔다. 그런데 이렇게 타이트한 조직 생활 속에서 성공적으로 시간 관리를 하는 방법은 과연 무엇일까. 그 해답은 바로 '선행관리'다. 즉, 미리 예측하고 준비하는 것이다.

사원이면 1개월, 과장이면 3개월, 부장이면 6개월, 임원이면 적어도 1년 이상의 자신의 업무 주기(span)를 파악하고 있어야 하며, 사장이라면 2~3년 이상의 안목을 가져야 한다. 즉, 직급이 올라갈수록 예측 가능한 미래 범위가 늘어나야 하고 이를 선행적으로 준비해야 한다.

리더는 자기 나름의 방법으로 시간을 아끼고 최대한 효율적으로 써야 한다. 리더의 시간 관리는 곧 철저한 자기 관리이며 불필요·저

가치 시간을 과감히 버리고 진정으로 경쟁력을 높이기 위한 창의적인 고민의 시간을 더 많이 가져야 한다. 하루를 24시간이 아니라 1,440분, 즉 분 단위로 바꾸어 관리해 보면 업무 밀도가 높아지고 업무 생산성이 비약적으로 올라간다. 조직에서 급하게 처리하는 업무들은 계획된 업무에 비해 대체적으로 효율과 생산성이 떨어진다. 이른 아침에 출근 후 곧바로 업무에 들어가지 말고 잠시 동안 명상 시간을 가진 후 하루를 조용히 설계해 볼 것을 권하고 싶다.

조직에서는 자신의 업무 시간 관리도 중요하지만 조직의 효율을 생각할 때 타인의 시간 관리에 대한 배려도 중요하다.

보통 한 해 업무를 시작하는 회사의 시무식은 매년 1월 2일에 한다. 지금은 많이 줄었지만 이전에는 연말에 여러 종류의 송년회가 많았다. 특히 임원 송년회는 꼭 참석해야 하는 매우 중요한 행사인데, 연말에 다가가서 일정을 세팅하게 되면 여기에 맞추어 다시 타 일정을 변경해야 하는 등 많은 비효율이 발생했다.

몇 년 전 1월 2일 시무식이 끝나고 곧바로 임원들에게 날아온 메일이다.

이제 새해가 밝았습니다. 올해도 여러 어려움이 예상되지만 우리의 지혜와 역량을 모아 힘차게 이겨 나갑시다. 그리고 올해 멋진 경영 성과를 달성한 뒤 연말 송년회는 12월 10일 (금)에 하는 것으로 일정에 반영해 주십시오.

이 메일 하나로 조직의 비효율이 크게 개선된 것은 말할 나위도 없다. 시무식날 송년회 일정을 미리 알려 주는, 선행적 시간 관리의 끝판왕이다.

또 하나의 경영의 중요한 핵심은 '경영은 가설 검증을 통한 연속적 의사 결정 과정'이라는 점이다. 미래에 대해 자기 나름의 예측을 통한 가설을 세운 다음 실행하고, 그 결과를 확인 후 피드백을 통해 지속적으로 '예측 적확도'를 높여 나가야 한다. 기업은 이런 작업의 연속을 통해 성공 방정식을 풀어 가는 것이다. 경영은 y=f(x)의 함수이다. 즉, 경영 성과(y)를 극대화하기 위해서는 사람, 자금, 기술, 품질 등등 다양한 x 변수를 잘 활용해야 한다. 이때 리더는 여러 x 변수가 경영 성과(y)에, 어떤 인과 관계를 가지며 그것이 어느 정도인지 철저히 분석하고 노하우를 축적해 가야 한다.

매년 회사는 경영 계획과 다양한 사업 계획을 수립한다. 특히 사업 계획을 수립할 때 계획 자체도 중요하지만, 사업 계획 수립을 위한 기본 가정(assumption)을 체크하는 것이 더욱 중요하다. 비즈니스 시뮬레이션을 할 때 보통 엑셀로 작업하게 되는데, 이때 다양한 경영 변수 x를 설정하고 이 변수에 영향을 주는 여러 요인, 예를 들면 예상 시장 성장률, 환율, 가격, 시장 점유율, 투자비, 마케팅비 등등을 변화시킬 때 결과가 어떻게 변하는지 민감도 분석(sensitivity analysis)을 해 보는 것이 무척 중요하다.

이러한 시뮬레이션을 바탕으로 정확한 예측의 기초 자료가 만들어진다. 비즈니스를 실행한 후 결과가 나오면 나의 예측치와 실제 얼마나 차이(gap)가 있었는지, 그 원인이 무엇이었는지 찾아가는 과정을 반복하자. 그러다 보면 경영의 예측 적확도가 점점 높아지며 진정한 경영 실력과 내공이 쌓이게 된다. 경영 예측 적확도가 90% 이상이면 성공한 기업인으로 성장할 가능성이 매우 높다.

선행적 시간 관리와 예측에 기반한 가설 검증 경영은 경영의 꽃이다.

담대한 목표 관리

목표를 위한 목표는 무의미하다. **목표는 달성을 통해 진화하며 의미를 가진다.**

미래에 대한 꿈을 만들고 담대한 목표를 세워서 도전해야 한다. 목표는 이론상 가능한 최대 한계치이다. 미켈란젤로는 "목표를 너무 높게 잡아 달성하지 못하는 것보다는, 목표를 너무 낮게 잡아 거기에 도달하는 것이 더 위험하다"라고 했다. 도전적인 목표를 잡으면 구체적인 액션이 나온다.

'휴대폰 판매 세계 1위 유지를 바탕으로 지속 성장'을 목표로 하는 삼성의 무선사업부에는 BHAG(Big Hairy Audacious Goal)이라는 내부 용어가 있다. 머리카락이 쭈뼛 설 정도의 대담한 목표 설정을 뜻한다. 즉, 혁신을 위해 능력보다 훨씬 높게 잡은 목표인 스트레치 골(stretch goal)이다. 언제나 도전적이고 높은 목표를 설정한다.

2000년대에 세계 휴대폰의 절대 강자는 당시 부동의 핀란드의 노키아(Nokia)라는 회사였다. 당시 노키아는 세계 시장 점유율 40%가 넘는 난공불락의 압도적인 지배력을 가지고 있었다. 그런데 2007년

초 삼성의 최고경영진은 세계 최고의 노키아를 이기자는 담대한 목표를 세우고 무선사업부 임원들의 이름을 새긴 크리스털패까지 만들어 가면서 전투 의지를 다졌다. 당시에는 정말 꿈같은 얘기였다. 많은 사람들이 세계 1위의 휴대폰 공룡 기업 노키아를 삼성이 이긴다는 것은 대학생과 초등학생의 싸움과 진배없다고 생각했기 때문이다. 그런데 최고 경영진의 이같은 노력과 대담한 목표 제시는 점점 조직 안에 퍼져 나갔고, 매년 비약적인 경영 성과의 창출과 더불어 조직 내 자신감의 선순환이 이뤄지면서 빠른 속도로 앞으로 달려 나갔다. 그리고 마침내 모두가 불가능하다고 생각했던 그것을 5년 후인 2012년, 삼성은 각고의 노력 끝에 이루게 된다. 노키아를 제치고 휴대폰 세계 시장 점유율에서 당당히 1위를 차지하게 된 것이다. 담대한 목표와 최선을 다한 조직의 승리다.

낮은 목표를 설정한 사람에게는 그냥 그런 정도의 달성 방안밖에는 보이지 않는다. 리더가 목표를 담대하고 높게 설정했을 때 조직이 가지게 되는 좋은 점 중의 하나는, 지금까지와는 전혀 다른 새로운 달성 방안과 접근법을 조직 전체가 고민하게 된다는 것이다. 이 과정에서 개선과 혁신의 연속적 과정이 돌고 돌아 기업은 성장·발전한다. 호랑이를 잡으려고 해야 고양이라도 잡는 법이다.

그런데 이때 유의해야 할 점 두 가지가 있다.
하나는 리더가 높은 목표를 제시를 할 때는 반드시 논리와 근거가 있어야 한다는 것이다. 그냥 단순한 자신감에서 내놓는 '작년 대비

30% 이상 성장' 같은 목표는 공감대 형성도 어려울 뿐만 아니라 단지 벽에 걸어 놓는 장식용 목표로 끝날 가능성이 높다. 리더는 시장 성장률, 우리의 현재 위치와 향후 성장 잠재 가능성, 도전적 목표의 의미 부여 등을 치밀하게 분석·준비하여 조직원을 합리적으로 설득해야 한다. 조직의 리더가 일방적으로 높은 목표를 설정하고 하달하는 방식으로는 결코 되지 않는다.

또 다른 하나는 목표 수립 과정에서부터 조직원의 의견을 모으고 설득하고 담대한 목표를 함께 공유하여야 목표 달성 과정의 액션에도 조직원이 적극적으로 참여하게 된다는 것이다. 담대한 목표 관리에 대해 조직원들의 충분한 공감대가 형성되어 진정으로 하나가 되어 함께 나아가면 반드시 달성할 수 있다. 그것이 조직의 묘미이고 성장을 위한 핵심 엔진이다. 높은 수준의 목표를 설정하고 이를 달성하는 것을 조직 내에서 한번 경험하게 되면 내부적으로 긍정의 자신감이 충만하게 되고, 다시 내년에도 더 높은 목표에 도전하려고 하는 조직 성장 발전의 선순환에 들어가게 되는 장점도 갖게 된다.

담대한 목표 설정과 철저한 관리는 지속적 조직 성장의 원동력이다.

부끄럽지 않은 정도경영

정도(正道)를 가는 것이 가장 빠른 지름길이다. 때로는 느리게 보일지라도. 정도경영은 단순한 윤리 경영이 아니라 실질적 행동 방식이자 가장 중요한 의사 결정 기준의 하나가 되어야 한다. 꼼수는 일시적 해결책은 될 수 있어도 나중에 반드시 문제를 일으킨다. 조직 생활을 하다 보면 특히 높은 자리로 올라갈수록 정당하지 않은 돈, 명예, 권력의 유혹이 생긴다. 하지만 이러한 유혹은 악마의 꾐이고 궁극적으로 자기 자신을 망치는 길임을 명심하고 단호히 거부해야 한다.

리더는 스스로에게 엄격해야 하고 불필요한 오해를 받지 않도록 늘 유의해야 한다. 특히 큰 조직의 리더라면 더욱 그러하다. 누가 뭐라고 하든 공정하고 바른길을 가야 한다. 조직에서 가장 나쁜 유형의 리더가 자신의 지위와 힘을 이용하여 부하 직원에게 불법적이고 부정당한 업무를 시키는 자이다. 이는 자신의 파멸은 물론 조직원의 장래까지 망치는 용서할 수 없는 죄를 범하는 것이다.

사람은 망각의 동물이다. 업무가 바쁘게 돌아가다 보면 가끔 정도경영의 중요성을 잊어버리는 경우가 있다. 위험천만한 일이다. 정도

경영을 위해서는 지속적이고 반복적인 교육이 중요하다. 어떤 사안이 우리 인간의 뇌에 완전히 정착되기 위해서는 700번 이상의 반복적인 교육이 필요하다고 한다. 깨끗하고 투명한 조직 관리를 위해서는 98%의 착한 사람을 지켜주는 지속적 정신 훈련이 무엇보다 중요하며 이는 정도경영에 대한 리더의 솔선수범과 함께 하나의 당연한 조직 문화로 정착되어야 한다. 윗물이 맑아야 아랫물이 맑은 것이다. 조직에서 불법 행동이 나타나면 리더는 신속히 제거해야 한다. 문제가 발생한 초동 단계에서 처리하지 않으면 나중에 큰 문제가 되는 경우가 많다. 필요한 경우 인사 조치도 좌고우면(左顧右眄)하지 않고 과감히 취해야 한다. 신뢰할 수 없는 직원을 둔 리더는 가장 불쌍한 사람이다.

일본에서 게임 서비스 벤처 회사인 게임온을 운영할 때의 일이다. 당시 근무하던 게임 마스터 한 명이 게임 아이템을 외부의 친구에게 아무도 모르게 판매하여 큰 문제가 발생한 적이 있었다. 게임 마스터는 온라인 게임 서비스에서 가장 중요한, 게임 내 아이템 관리의 전권을 가지고 있는 포지션이다.

이 직원이 자신의 게임 마스터 권한을 이용하여 사익을 취한 것이 사내에서 발각된 것이다. 그런데 그 친구는 업무 능력이 매우 뛰어난 핵심 인력 중 한 명이어서 나는 일순 고민도 했지만 그 직원을 그 날짜로 곧바로 해고해 버렸다. 일종의 일벌백계 차원의 조치였다. 내버려 두어 조직 내 부정이 번지면 걷잡을 수 없게 된다는 위기감에서 내린 그 의사 결정으로 실제 일정 기간 게임 서비스가 상당히 힘들어졌지만, 장기적으로는 정도경영이 회사의 큰 축으로 자리 잡았고 오히려 성장 발전의 버팀목이 되었다. 지금 돌이켜보더라도 그때 내린 의사 결정은 올바른 것이었다고 생각한다.

삼성에서는 글로벌 초일류 기업으로 지속 성장·발전하기 위해 정도경영을 법과 윤리를 준수하는 '준법 경영'으로 정의하고, 조직 내 컴플라이언스(compliance)를 강화하여 사전적·상시적으로 교육, 통제, 감독함으로써 모든 위험을 최소화하고 준법 경영을 하나의 조직 문화로 정착시키려 하고 있다.

조직에서 불법과 꼼수는 절대로 안 된다. 정도경영과 관련하여 어려운 의사 결정 상황에 직면하게 될 때 스스로에게 다음과 같이 자문해 보면 의외로 일이 간단해진다.

'내가 이렇게 결정을 할 경우 내 양심과 가족 앞에서 나의 행동이 부끄럽지 않겠는가?'

도망치지 않는 책임감

리더는 책임을 질 줄 알아야 한다. 자신의 판단과 행동에 대해서 전적으로 책임을 져야 하기에 진정한 리더가 되기는 정말 힘들다. 리더는 절대 책임에서 도망치면 안 된다. 도망은 비겁한 것이며 리더의 자질이 없는 것이다. **리더는 공적은 부하에게 넘겨주고 자기는 책임만 지면 된다.** 성공한 리더는 조직 성공의 공을 언제나 자신의 리더십이 아니라 조직원들의 땀과 노력으로 돌린다. 그렇게 해야 신뢰가 생기고 부하가 진심으로 따르게 된다. 그런데 실제 조직에서는 안타깝지만 그 반대의 경우도 자주 보게 된다. 책임에서 도망치면 자기 인생에서 도망치는 것이다.

삼성 휴대폰 사업의 최대 위기 중 하나는 2016년 8월에 출시한 갤럭시 노트7 모델의 배터리 결함으로 인한 전량 리콜이다. 지금도 기억이 생생하다. 출시 후 5일이 지난 시점부터 고객으로부터 휴대폰이 충전 중 폭발되었다는 제보가 이어지고 급기야는 글로벌로 이슈가 확대되어 고객으로부터의 주문이 단절되었음은 물론 폭발 가능성으로 인해 노트7 모델을 비행기 내 반입도 못하게 되는 초유의 사태가 벌어졌다. 회사 내부는 그야말로 패닉에 빠졌지만 당시 사업의 최고 책임자인 사업부장은 자신이 최종 책임을 지겠다고 하면서 사즉생(死卽生)의 각오로 문제의 원인을 파악하고 흔들렸던 조직을 빠르게 추슬러 나갔다. 거의 매일 아침 이른 시간에 해외 법인들과 콘퍼런스콜을 통해 대책을 논의하고, 쏟아지는 고객 관련 이슈에 신속하게 대응해 나갔다. 제로베이스 관점에서 근본적인 원인 분석을 하기 위한 엄청난 재현 테스트와 검증이 계속되었고, 대책 방안 수립을 위해 관련된 전 조직이 사업부의 운명을 걸고 사투를 벌였다. 이때 가장 조직 내에서 감동을 받았던 것은 조직의 최고 리더가 조직 내 일체의 책임을 묻지 않고 본인이 모든 책임을 질 테니 문제의 근본 원인과 대책을 빨리 파악하고 정정당당하게 대응하자고 역설하면서 조직을 리드한 점이다. 진정 도망치지 않는 리더의 표상을 보여주었다.

그런데 사태는 더욱 악화되어 출시 54일 만에 노트7 제품은 판매는 물론 생산까지도 중단하기에 이르렀다. 마침내 공식적 대내외 사과 발표와 더불어 제품 교환 및 환불을 포함한 사상 초유의 대규모 리콜이 진행되었다. 당시 천문학적 리콜 비용 감안할 때 정말 어려운 의사 결정이었다고 생각한다. 하지만 리더가 모든 책임에서 도망치지 않고 진두지휘하면서 정정당당하게 해결함으로써, 오히려 장기적으로는 삼성의 휴대폰에 대해 더 큰 고객 신뢰를 쌓게 되었고, 품질 중시 경영을 원점에서 다시 되돌아보게 한 진정한 전화위복의 계기로 만들 수 있었다. 이는 정말로 높이 평가할 만하다.

어떤 조직에서든 자주 사용하는 용어로 R&R(Role&Responsibility, 역할과 책임)이 있다. 역할에는 반드시 책임이 따르기 때문에 늘 함께 붙어 다닌다.

리더십은 권위나 자리가 아니라 책임과 역할이다. 리더가 리더다운 책임과 역할을 다할 때 조직은 성장·발전한다. 따라서 리더는 책임에서 자유로울 수 없고 그것은 리더이기 때문에 지불해야 하는 일종의 '채무'다. 특히 조직 내 갈등 관리는 리더의 숙명이다. 결코 쉽지 않지만 해결해야만 한다. 모든 것이 리더의 책임이라고 받아들일 때 해결의 실마리가 보인다.

자신은 행하지 못할 것을 부하 직원에게 요구하는 리더는 이미 리더가 아니다.

리더는 스스로 솔선수범하고 앞에 나서야 한다. 리더가 솔선수범하고 약속을 지킬 때 조직원은 따라온다. 책임감 있는 리더 밑에서는 조직원은 자동적으로 솔선수범하게 된다. 리더가 리더다운 책임과 역할을 할 때 그 조직은 성장한다.

'왕이 되려는 자는 그 왕관의 무게를 견뎌라'라는 말처럼 리더는 그 책임의 무게를 견뎌야 한다. 조직의 리더는 결국 의사 결정자다. 의사 결정에는 항상 리스크가 따르고 결정이 반드시 기대했던 결과로 이어지지 않는 경우도 많다. 리더 자신이 결정하고 그 결정에 따른 조직원의 행동 결과에 대해서는 전적으로 책임질 줄 알아야 한다. 그것이 바로 책임에서 도망치지 않는 진정한 최고의 리더십이다.

세상에는 공짜는 없고, 리더로 불리는 순간 책임감은 곧바로 의무로 다가온다.

이청득심

　내가 모셨던 상사 중 삼성의 K 사장님은 한문 사자성어(四字成語)를 주로 활용하여 본인의 경영 전략을 설파하셨다. 실제 자신의 경영 철학을 사자성어로 정리하여 아크릴판으로 제작한 것을 전 임원들에게 나누어 주시고 책상 앞에 두면서 늘 스스로를 살피라고 권장하셨고, 자신의 경험을 바탕으로 직접 글을 써서 전 직원에게 메일로도 배포를 해 주셨는데 나는 지금도 그것을 소중히 간직하고 있다.

　그중 하나가 『논어』에 나오는 '이청득심(以聽得心)'이다.

　글자 그대로 상대를 존중하고 귀 기울여 경청함으로써 사람의 마음을 얻을 수 있다는 뜻이다. 귀로만 듣지 않고 마음으로 들어야 부하 직원의 마음을 얻을 수 있다. 그냥 건성이 아니라 직원의 눈을 바라보며 마음으로 들어주어야 한다.

　말하는 직원의 이야기에 짧은 말이나 끄덕임 등으로 일종의 추임새를 넣어 주는 것도 필요하다. 진심으로 얘기를 먼저 들어야 진정한 소통과 더불어 하나가 된다. 귀가 두 개이고 입이 하나인 것은 2번 듣고 1번 얘기하라는 것이다.

경청(attentiveness)의 사전적 정의는 상대방이나 상대방의 일을 존중하여 온 마음과 뜻과 힘을 다해 듣는 것이다. 즉, 경청이란 다른 사람의 말을 편견과 선입견 없이 주의 깊게 들으며 공감하는 능력이며, 자신의 시간을 상대방에게 진심으로 선물해 주는 것이다.

일반적으로 어떤 조직이라도 회의나 면담, 보고 등이 매일 이뤄진다.

조직의 리더는 매일 뭔가를 들어야 한다. 문제와 이슈 해결을 위한 아이디어를 얻기 위해서는 리더는 어렵지만 조직원의 모든 얘기를 오픈 마인드로 참을성 있게 들을 줄 알아야 한다. 주제와 관계없는 얘기를 계속하는 부하 직원의 얘기를 인내심을 가지고 들어주는 것은 경험상 정말 쉽지가 않다. 부하 직원이 얘기할 때 변함없이 경청의 자세를 유지하는 것은 리더에게는 또 다른 자기와의 싸움인데, 그들의 얘기 도중에 절대 끊어서는 안 된다. 만약 끊게 되면 다른 직원들에게도 마이너스 에너지를 던지게 된다. 정말로 불가피한 경우에는 충분히 양해를 구하는 설명이 반드시 필요하다.

조직원의 얘기를 경청함으로써 문제의 근본 원인(root cause)을 찾아낼 수 있고, 경청은 문제 해결의 시발점이 되기도 한다. '지혜는 듣는 데서 오고 후회는 말하는 데서 온다'라는 격언도 있지 않은가. 듣지 않는 리더에게는 부하 직원은 말문을 닫는다.

실제로 조직 내 큰 이슈가 발생했을 때 내가 참을 수가 없어서 얘기를 끝까지 듣지 않고 도중에 화부터 냈을 때 어느 부하 직원이 내게 해 준 얘기다.

"상무님이 화부터 먼저 내시면 저희들은 더 이상 얘기하고 싶지 않아요."

이 말을 듣고 나서 스스로 많은 반성을 하게 되었다. 솔직히 '나도 내 얘기를 언제나 먼저 하고 싶어 하는 그렇고 그런 리더구나'라는 자괴감마저도 들었다. 그러나 그 이후부터 마음을 다시 고쳐먹고, 의도적으로 말하기보다는 들으려고 노력했다. "화 안 내기, 2번 듣고 1번 얘기하기"라고 내가 직접 적은 메모 스티커를 내 책상 PC 앞에다 붙여 놓고 결코 쉽지 않은 스스로와의 싸움을 시작했다. 나의 이러한 작은 실천에 대해 부하 직원들이 고마워했음은 물론 이것이 원활한 조직의 소통 문화 구축에도 많은 도움이 되었다.

부하 직원은 더 이상 설득의 대상이 아니라 함께 나아가야 하는 공감의 대상이다. 이러한 공감 능력이 앞으로의 시대가 요구하는 진정한 커뮤니케이션 능력이다. 진정한 소통은 경청의 결과이며 인간관계 형성의 핵심이다.

경청은 하나의 예술이다. 20세기가 '말하는 자의 시대'였다면, 21세기는 '경청하는 리더의 시대'가 될 것이라는 주장에 전적으로 공감한다.

질문의 수준은 리더의 수준

조직에서 현명한 리더는 답을 주는 사람이 아니라 질문을 잘하는 사람이다.

훌륭한 질문은 사람의 마음을 사로잡아 지시나 명령보다 더 사람의 마음속에 파고 들어와 스스로 느끼고 자발적으로 움직이게 할 뿐 아니라 창조적이고 의미 있는 아이디어나 해결책 도출에도 매우 유용한 역할을 한다.

회사에서 업무 체크할 때 단순히 '했니, 안 했니'식 질문은 하위 레벨의 것이다. 일본 질문디자인연구소의 아와즈 교이치로우는 『굿 퀘스천(Good Question)』이라는 책에서 "좋은 질문이란 질문받는 사람이 자연스럽게 대답하고 싶어지는, 그에게 새로운 깨달음을 주는 질문이다"라고 했다. 즉, 부하 직원은 상사와의 멋진 질문과 대답을 통해 스스로 깨닫고 앞으로는 새롭게 변해야겠다는 긍정적 에너지와 자신감을 얻게 된다.

역사적으로 유교적인 토대 위에 권위주의적 속성이 강한 우리나라의 기업 분위기 속에서 부하 직원이 과감히 의견을 개진한다는 것은 상당히 어려운 것이 사실이다. 실제 이런 분위기 때문에 조직원의 소중한 의견과 아이디어가 그냥 사장되어 버리는 경우도 많다.

따라서 리더는 맥을 짚는 질문을 통해서 이것을 끌어내야 한다. 대체로 How 형태의 질문이 좋으며, 이럴 때 다음 단계로 자연스럽게 이어 나가기가 쉽다.

어느 상장 회사의 CEO는 기업의 주요 이해 관계자를 만날 때마다 이런 질문을 한다고 한다. "만약 당신이 제 자리에 있다면 어떤 일에 집중하시겠습니까?" 참으로 멋진 질문이다. 결국 리더가 얻는 대답은 리더가 하는 질문에 따라 달라진다.

좋은 질문을 위해서는 리더의 입장에서 지켜야 하는 몇 가지 원칙이 있다.

먼저, 리더가 자문자답해서는 안 된다. 조직에서 리더가 아예 답을 염두에 두고 자기가 질문해 놓고 자기가 답을 해 버리는 경우가 꽤 많다. 일단 질문을 했다면 리더는 금방 답변이 나오지 않더라도 조바심을 내지 말고 기다려 주어야 한다. 나 또한 그러했지만 급한 이슈가 발생한 경우에는 실제 비즈니스 현장에서 이 순간을 참지 못하는 경우가 많다. 좋은 질문을 통해 조직원들이 스스로 고민하고 답을 찾도록 유도하면 나중에 그 실행력이 엄청나게 높아진다. 지시하면 빠를 수도 있지만 조직 내 공감이 부족하게 되고, 조직원들은 책임을 공유하려는 자세가 낮아진다. 질문을 통한 리더십은 궁극적으로 쌍방향 커뮤니케이션을 통한 조직의 효율적 관리로 이어진다.

또한 리더의 질문에 대해 리더가 기대한 좋은 답변, 나쁜 답변 가릴 것 없이 일단 긍정하고 칭찬해 주는 분위기를 만드는 것이 무엇보다 중요하며 이럴 때 다양하고 창의적이며 좋은 의견이 나올 가능성이 높다. 조직에는 정답이 없다.

조직의 문제와 이슈를 해결해 나가는 과정에서 집단지성을 최대한 활용하여 최선의 선택을 해 나가는 것이 성공적인 조직 운영의 요체다.

마지막으로는 리더만 질문을 독점하지 말고, 직원들도 상호 간에 서로서로 자유롭게 질문하도록 유도하면 스스로 깨닫고 이를 실제 액션으로 옮기는 분위기를 만들게 되고 더 좋은 경영의 해답을 찾아갈 수 있다.

리더라면 오늘 아침 출근하면서 나는 오늘 어떤 질문을 해야 할지 고민해야 한다. 왜냐하면 리더의 멋진 질문은 조직의 비료이자 자양분이기 때문이다.

질문도 연구하고 연습해야 그 수준이 올라간다.

신뢰와 자극을 통한 육성

조직 내 신뢰의 중요성은 누구나 알고 있지만 그 실천은 결코 쉬운 문제가 아니다.

신뢰의 결핍은 '조직 헌신의 결핍 → 책임의 회피 → 결과에 대한 무관심'으로 이어져 결국 조직이 무너지는 것으로 귀결된다.

진짜 업무를 맡기고 싶은 사람은, 능력 있는 사람이 아니라 신뢰할 수 있는 사람이다. 조직에서는 검증된 인력에 대해 일단 믿기로 작정하면 무한 신뢰를 해 주어야 한다. 일을 하다 보면 문제도 발생하고 실수도 있기 마련이다. 하지만 대세에 지장이 없다면 믿고 넘어가야 한다.

또한 부하 직원에게는 끊임없는 자극이 필요하다. 큰 목표를 잡고 열심히 노력하더라도 사람은 누구나 일정 시간이 지나면 해이해지기 마련이다. 연초에 헬스클럽 등록률이 가장 높았다가 3개월 정도 지나면 시들해지는 것을 우리는 쉽게 볼 수 있다. 이럴 때 리더의 시의적절한 자극은 새로운 활력소로 작용하고 재분발을 위한 리사이클의 모멘텀이 될 수 있다. 리더는 긍정적인 자극의 적절한 제공을 통해 조직원이 항상 살아 있게 만들어 주어야 한다. 리더와 조직원이 자기 계발의 약속을 서로 프라이빗하게 하고 수시로 체크하면서 마음을 담아 적절히 자극을 주면 조직원의 놀라운 실력 향상으로 이어지고 나중에 큰 고마움을 느낀다.

자극의 대상에는 실제 회사 업무뿐만 아니라 금연, 체중 관리, 영어 공부 등 부하 직원의 개인적인 자기 계발 항목도 포함된다.

자극의 대표적인 방법은 꾸지람보다는 '칭찬'과 '격려'이다. 예전 삼성의 선배님으로부터 배운 것은 조직원에 대해 9번을 꾸중하고 1번을 크게 칭찬하라는 것이었다. 그러나 이제는 시대가 변했다. 나는 9번을 칭찬하고 1번을 꾸짖는 것으로 전략을 바꾸었다. 실제 이것이 조직에서 매우 긍정적으로 받아들여졌고 높은 조직 성과 창출의 원동력이 되었다.

그런데 한 가지 유의점은 아무리 좋은 자극도 장소와 타이밍을 잘 맞추어야 한다는 것이다. 잘못하면 잔소리와 뒤섞여 버려 효과가 반감된다. 또 경험상 한 가지 팁을 주자면 "자네답지 않게"라고 말하면서 핀 포인트 지적을 해 주면 그 효과가 배가된다는 것이다. **칭찬과 격려, 그것은 조직 성과 창출의 요술 방망이이다.**

그리고 개인별로 그 사람이 가지고 있는 역량과 업적을 고려하여, 그것보다는 항상 조금 더 높은 목표를 부여하고 관리해 줄 때 조직원의 역량은 올라간다. 부하 직원이 100의 역량을 가지고 있다면 120을 던져주면 목표 해결 과정을 통해 다음 단계로 성장하게 된다. 그런데 이때 주의점은 도저히 달성하기 어려울 정도로 너무 높은 목표를 제시하면 안 된다는 것이다. 오히려 역효과가 날 수 있으므로 제시할 목표 수준을 심도 있게 고민해야 한다.

조직 내 인재의 육성은 리더의 최대 과제다. 인재를 육성하지 않는 리더는 리더 자격 상실이다. 훌륭한 조직은 리더가 부재하더라도 더 잘 돌아가는 시스템적 경영이 가능한 조직이다. 회사에서 상사가 해외 출장 가면 농담으로 '무두절(無頭節: 두목이 없는 날)'이라고 얘기한다. '이 세상에 가장 좋은 상사는 없는 상사'라는 우스갯소리도 있다. 상사, 즉 조직의 리더가 없어도 술술 잘 돌아가는 시스템적 경영이 가능한 조직이 되기 위해서는, 잘 짜여진 역할 분담과 조직 체계는 물론 이를 뒷받침해 주는 구성원 개개인의 역량 강화가 필수적이다.

조직 구성원을 진정한 전문가로 육성하기 위해서는 기본적으로 본인 스스로의 지속적인 노력이 전제되어야 하지만 조직적으로도 뒷받침해 주는 움직임이 병행될 때 상당한 효과가 있다. 경험상 학습 조직(LO, Learning Organization) 활용은 매우 유용한 수단의 하나이다. 삼성의 모바일 B2B 담당 임원으로 재직 시 보안 솔루션인 '녹스 (Knox)' 비즈니스를 추진한 적이 있었는데, 이 보안 솔루션 자체가 무척 어렵고 내용을 이해하기에 상당히 까다로운 부분이 많았다. 그래서 녹스 파트의 직원들끼리 그 필요성을 느껴 자발적으로 스터디 그룹을 구성하였다. 구체적으로 녹스에 대한 심층 연구를 위해 각 주제별로 담당자를 정하고 스스로 조사하고 공부했다. 그리고 그 내용을 중심으로 격주 단위로 자체 발표회, 일명 '녹스 뽀개기' 시간을 가졌는데 하다 보니 연간 30회 이상 진행했다. 이것이 조직 내 하나의 자극제가 되어 팀 내 다른 파트에서도 자연스럽게 확대되었고 파트별로 관심 있고 필요한 주제를 가지고 세미나와 집중 공부를 하는 학습 분위기가 형성되었다. 이것은 실제 직원들의 역량 강화에도 큰 도움이 되었다.

평가는 마지막 단계이자 새로운 시작

회사 생활에서 리더로서 가장 어려운 업무 중의 하나가 고과, 즉 조직원의 능력과 성과를 평가하는 것이다. 평가가 어려운 건 결국 사람이 사람을 평가하는 것이라 아무리 객관적으로 평가하려고 해도 편견과 오류가 있게 마련이기 때문이다.

매년 평가철이 오면 그야말로 두통의 연속이다. 평가를 하려고 하면 대상자는 물론 그 가족까지 이미지가 떠오르고 머리가 혼란해진다.

삼성에서는 특히 '상대 평가'가 원칙이라 더욱 그러했다. 상대 평가는 상위 평가와 하위 평가에 대한 일정 비율이 있어 전체 모수에서 강제적으로 할당을 해야 한다. 평가 결과는 개인의 연봉과 승진과 직결되어 있어 조직원 전체가 가장 민감해하는 부분이다.

평가는 크게 '업적 평가'와 '역량 평가'로 나누어진다. 주관성이 강한 역량 평가에 비해, 업적 평가는 기본적으로 달성한 수치 목표 달성도가 명확하기에 그나마 상대적으로 쉬운 편이다.

삼성 임원 재직 시 조직원에 대한 '개인 역량 평가 항목'은 5가지였다.

첫째는 담당 업무에 대한 전문 지식과 노하우, 둘째는 외국어 능력을 포함한 글로벌 대응 능력, 셋째는 열정적 추진력과 책임감, 넷째는 자료 작성 능력과 발표력, 다섯째는 대인 친화력이다.

평가에서 가능한 한 공정을 기하고 편견을 없애기 위한 좋은 방법은 주위의 다양한 의견을 청취하는 것이다. 임원으로서 사원들에 대한 최종 평가권을 가지고 있었던 나는, 일단 1차 평가자인 파트장(부장급)의 의견을 최대한 존중해 주려고 했다. 그리고 추가적으로 공정성을 확보하기 위해 평가 대상자 동료들의 의견까지도 조용하게 청취하였는데, 실제 평균적으로 80~90% 정도는 대체로 1차 평가자와 평가 대상자 동료들 간의 의견이 동일하였다. 사람을 보는 시각과 의견은 조직에서 큰 차이가 없었다. 나머지 차이가 있는 부분에 대해서는 승진, 평소의 노력과 작년 대비 비교 성과 등 여러 변수를 종합적으로 고려하여 최종적인 판단을 내린 것이 그나마 평가의 주관성 배제를 위한 최선의 노력이었다.

그런데 실제 평가에서는 평가 결과도 중요하지만 모든 평가 과정에서의 면담과 피드백이 더 중요하다. 조직원을 평가 면담해 보면 거의 대부분의 직원들은 자신의 성과가 높았다고 주장한다. 그렇지 않은 경우도 약간 있지만 실제 거의 대부분은 사실이다. 이때 직원의 성과에 대한 주장을 있는 그대로 잘 들어주며 공감하면서 덧붙여 그 직원의 부족했고 아쉬웠던 부분을 오픈 마인드로 얘기해 주어야 한다. 이것은 무척 어렵고 시간도 소요되지만 평가할 때 리더의 역할 중 가장 중요한 부분이다. 실제 이러한 피드백은 정례 평가 기간뿐만 아니라 평소에 주기적으로 주고받는 편이 더 효과적이다. 평가는 단순히 일회성으로 끝나는 것이 아니라 그 직원에게 지속적으로 새롭게 출발하는 의욕을 가지게 하는 효과적인 툴이 되기 때문이다.

경우에 따라서는 달성 실적은 조금 낮더라도 작년 대비 가장 성장한 사람(the best improved person)도 높게 평가해 주면, 조직 내 부진 인력에 대한 새로운 동기 부여로 작용할 수 있고 이는 전체적인 조직 활성화의 방법이 되기도 한다.

공정한 평가, 그것은 신(神)의 영역이지만 노력에 따라서는 최대한 객관화할 수 있으며 조직 활성화의 촉매제가 된다.

아키텍처와 디테일 경영

아키텍처(Architecture)는 간단히 말하면 하드웨어와 소프트웨어를 포함한 컴퓨터 시스템 전체의 설계 방식과 구조를 뜻한다. 그런데 이것은 컴퓨터 시스템에 국한되는 것이 아니라 조직 전체의 시스템에도 그대로 적용된다.

리더는 하나의 시스템인 조직의 전체 그림과 사업 이미지를 종합적으로 그릴 수 있는 토탈 아키텍처가 되어야 한다. 다시 말해 조직의 다이내믹스를 정확히 이해하면서 이슈나 문제를 토털 시스템 차원에서 접근하고 주체적으로 이끌어 나가야 한다. 부분 최적화가 전체 최적화로 연결되지 않는 경우가 조직에서는 비일비재하다. 전투에만 이기고 전쟁에서 지는 우를 범해서는 안 된다.

이를 위해서는 리더는 전체 안에서 자신이 책임지고 있는 조직의 좌표와 위치가 조직 전체 안에서 어디에 있는지 늘 염두에 두면서 조직을 이끌어 가야 한다. 다시 말해 리더는 먼저 조직 전체의 지향점, 목표, 방향에 대한 명확한 이해를 해야 하고 이것이 우리 조직에, 나의 일에 어떤 의미가 있는지 정리할 줄 알아야 한다. 또 거꾸로 우리 부서의 업무가 조직의 방향과 목표에 어느 정도 영향을 미칠지도 함께 되새김질을 해야 하며 회사 전체의 방향과 담당 조직을 싱크(synchronization)하는 작업을 통해 정확한 감을 잡고 있어야 한다.

결국 큰 종이 위에 전체적인 업무도를 펼친 후 각각의 업무들이 회사 내 어떤 관련 부서와 어떻게 관련을 맺고 있는지 또 외부적인 이해관계자(거래선, 파트너, 고객)와는 어떻게 연결되어 있는지 그 연결고리를 스스로 그릴 줄 알아야 한다.

또 한편 리더는 디테일에 강하지 않으면 결국 궁극적 승리자가 될 수 없다.

디테일 경영이란 경영 방식, 기술력, 경영 정보를 바탕으로 모든 경영 단계를 빈틈없이 세밀히 관리하여 효율성을 극대화하는 경영이다. 디테일 경영을 위해서는 치밀함과 꼼꼼함이 필수적이다. 특히 저성장 시대에는 기업의 기초 체력을 더 키우고 경영 체질을 강화하는 디테일 경영이 더욱 요구되며, 꼼꼼하게 챙기는 전략적 마이크로 매니지먼트가 필요하다. 이를 위해서는 사원 시절부터 꼼꼼함을 철저하게 배워 몸에 체득하여야 한다. 거의 완벽주의자라는 얘기를 들으면 반은 성공이다.

진정한 디테일 경영은 작은 차이로 시장을 장악하는 능력이다.

일본에서 벤처 사업을 경영할 때의 경험이다. 스피드 있게 개발한 우리나라의 솔루션을 일본 고객에게 판매하려고 했는데 항상 마지막 단계에서 많은 문제가 발생했다. 일본 비즈니스를 많이 해 본 사람들은 알겠지만, 우리나라 기업들은 대체적으로 일본의 까다로운 고객들이 원하는 최종 마무리 대응 작업에 매우 약하다. 심지어 그들이 너무 무리한 요구를 하고 있다고 불평까지 한다. 우리는 95%까지는 쉽게 따라간다. 하지만 그 마지막 단계의 깔끔한 마무리를 제대로 못해 비즈니스가 제대로 성사되지 못하거나 도중에 좌절된 경우도 많았다. 우리나라 솔루션 가격이 표면적으로 더 저렴하게 보이지만 최종 단계까지의 고객 대응 비용을 고려하면 결코 일본의 솔루션보다 가격 경쟁력이 있다고 볼 수 없다. 힘들고 어렵더라도 고객이 좀 더 높은 차원의 완벽함을 요청하면 끝까지 완벽하게 대응해야 한다. 그 고비를 잘 넘기면 그 비즈니스는 반드시 성공한다. 특히 경험상 일본 비즈니스는 더욱 그러하다.

디테일 경영은 단순히 사소한 것을 챙기는 것이 아니다. 작은 차이이지만 끝까지 고객을 만족시키는 핵심 경쟁력이다.

또 다른 측면의 디테일 경영은, 조직의 업무뿐만 아니라 조직원들에 대한 세심한 배려까지도 포함한다. 조직원의 생일, 결혼기념일 및 경조사까지도 적극적으로 챙기면 조직 내의 인간적 신뢰 관계가 크게 상승한다. 실제 삼성의 부장 시절부터 나는 부하 직원의 생일과 결혼기념일을 챙기기 시작했다. 나의 휴대폰 내 일정 관리에 나와 관계한 모든 직원(약 1,000명)의 특별한 날 일정을 모두 집어넣고 해당일이 되면 마음을 담아 축하 문자를 보내 주었다. 특히 생일날 아침 일찍 축하 문자를 보내 주면 대부분 첫 생일 축하 문자인 경우가 많았고 그들이 진심으로 내게 고마워했음은 물론이다. 계속하다 보니 이제는 그냥 나의 하루를 시작하는 첫 일과이자 습관이 되어 버렸다.

그런데 이보다 중요한 것은 조사(弔事) 챙기기다. 누구나 집안에 상을 당해 큰일을 치르게 되면 정신적·육체적으로 무척 힘든 시간을 보내게 된다. 나는 제주도를 제외하고는 전국의 주요 장례식장은 거의 안 가 본 데가 없을 정도로 회사 직원들의 조사를 열심히 챙겼다. 리더라면 조직원의 조사는 최우선으로 챙겨야 하는 의무이자 리더십 발휘의 장이기도 하다. 만사를 제쳐 두고 조사는 반드시 챙겨야 한다. 진심 어린 조문(弔問)은 조직원에 대한 최고의 인적 투자다.

진정한 조직 관리는 큰 그림(big picture)과 디테일 경영, 즉 미세 관리가 병행되어야 된다. 성공한 사람은 대체적으로 디테일에 강하다. 그러나 작은 것에만 너무 집착하면 큰 것을 놓치기 쉽다. 험한 산세일수록 숲 전체를 보는 동시에 그곳의 나무나 돌멩이 하나까지 확인하는 밸런스 감각을 가지는 것이 리더의 필수 요건이다.

리더의 감사, 용기 그리고 겸손

회사 선배로부터 직장에서는 3가지 중 1가지만 만족되어도 감사하면서 근무해야 한다고 들었다. 그 3가지는 첫째가 안정된 경제적 수입, 둘째가 자기가 하고 싶은 일, 그리고 셋째가 함께 일하고 싶은 직장 동료이다.

삼성의 급여일은 매달 21일이다. 감사하게도 입사 이래로 회사는 30년 동안 단 한 번도 급여일을 어긴 적이 없다. 또 임원 시절 매일 아침 가장 일찍 회사에 출근한 나에게 인사를 걸어오는 두 번째 출근자가 오늘은 누구일까가 늘 기대되었다. 만약 함께 일하는 직원들이 출근하지 않으면 얼마나 회사가 삭막할까. 그리고 일은 스트레스의 근본 원인이기도 하지만 조직 내 나의 존재 가치를 보여 줄 수 있는 힘든 업무가 없다면 얼마나 심심할까.

어느 날 갑자기 이 모든 것이, 특히 함께 일하는 조직원들이 너무나 큰 감사와 은혜로 다가왔다. 그들이 있기에 내가 있는 것이다. 범사에 감사하라는 성경 구절도 있지만 우리는 늘 현재를 감사해야 한다. 모든 것이 은혜이다. 세상의 모든 것을 은혜의 눈으로 바라보면 모든 것이 감사하고 새로운 세상이 열린다. 조직에서 리더가 감사해하면 조직원은 자동적으로 서로서로 감사해한다. 감사는 조직원에게 자부심을 가져다주고, 상대방에게도 너그러워지게 하며, 조직 단합과 시너지의 기초가 된다. **감사하면 행복해지고 행복은 그 크기의 한계가 없다.**

리더십 관련 전문가로 저명한 미국 휴스턴 대학의 교수인 브레네 브라운(Brene Brown)은 "리더는 지위나 권력을 휘두르는 사람이 아니다. 삶이나 아이디어의 가능성을 알아보고 그 잠재력에 기회를 주는 용기 있는 사람이다"라고 주장한다.

이때 주목할 단어가 바로 '용기'이다. 그는 특히 "리더는 자신의 부족함을 솔직하게 진심으로 인정하는 용기, 조직 내 장애물을 찾아내고 처리하는 용기, 조금 부족하더라도 부하 직원을 전적으로 믿어 주는 용기, 실패했을 때 다시 일어나는 용기가 필요하다"라고 강조한다.

리더의 용기는 전염이 되기 때문에 조직 내 그 파급력은 대단하다. 자식이 부모를 닮아가듯 조직원은 그 조직의 리더를 자신도 모르는 사이에 닮아가며 이를 통해 그 용기가 하나의 보이지 않는 조직 문화로 형성된다.

리더의 용기는 겸손에서 나온다. 스스로 겸손하면 반드시 사람이 따른다. 겸손한 리더는 협력적인 조직을 구축해 영속적인 성공을 이끌 수 있다. 구글의 모회사인 알파벳(Alphabet) 이사회 의장인 존 헤네시(John Hennessy) 전 스탠포드대 총장은 『어른은 어떻게 성장하

는가(Leading Matters)』라는 책에서 리더의 가장 중요한 조건은 겸손
이라면서 이렇게 얘기한다.

"당신은 지금 당신이 있는 그 자리에서 가장 똑똑한 사람이 아니다. 자
신이 모르는 것을 인정하고, 팀원들이 알고 있는 것으로 배우며, 겸손한
자세로 그들의 도움을 요청하는 것이 최선의 길이다."

다음은 올해 초 내가 삼성에서 퇴임하며 받은 감사패의 내용이다.

김종신 상무님, 감사합니다.
아무것도 없던 무선 B2B 사업을 개척하며 끊임없이 새로운 사업을 발굴하고 현재의 B2B
팀을 만들어 지금 우리들의 자리를 있게 해 주셔서 감사합니다. 누구도 나서지 않는 어려
운 문제들에 기꺼이 먼저 손들어 해결사로 나서고 늘 끝까지 이야기를 듣고 따뜻한 마음
으로 팀원들의 크고 작은 일을 챙기며 믿기 어려울 만큼의 부지런함으로 정도와 선행관리
를 행동으로 보여 주신 스승님. 늘 저희에게 해 주셨던 말씀처럼 저희도 부끄럽지 않게 살
겠습니다. 상사보단 스승이셨고 늘 우리의 버팀목이었던 당신께 감사드립니다.

2020년 1월 20일
삼성전자 무선 B2B PM그룹

리더도 잘못을 할 수 있다. 그런데 리더 자신이 과오를 범했을 때
조직의 엄청난 파장을 고려하면 자신의 잘못과 과오를 솔직히 인정
하기는 정말 쉽지 않다. 실제 상황에서도 그런 용기 있는 리더는 드
물고 오히려 덮기에 급급한 모습을 자주 본다. 그러나 장기적 관점
에서 본다면 스스로의 잘못과 부족함을 인정하고 늘 겸손과 감사하
는 마음으로 조직원과 함께 나아가려는 리더가 궁극적으로는 성공

하며 존경을 받게 된다.

감사와 용기와 겸손을 가지고 있지 않는 배울 게 없는 리더는, 리더로서 가치가 없다.

공기 같은 관리

1990년대 회사 생활 초기에 화장실이나 계단 복도에 '금연'이라고 써 붙여 놓은 것을 많이 본 적이 있다. 이렇게 표어가 난무한 것은 다르게 말하면 그 당시 그만큼 금연 공간에서 금연이 안 되고 있었다는 반증이다. 후진국과 낮은 수준의 기업과 조직일수록 쓸데없는 표어와 구호가 난무한다.

조직 관리 최상의 수준은 바로 공기 같은 관리이다. 해외 출장 중에 이스라엘의 어느 보안 솔루션 벤처 회사를 방문한 적이 있는데 그 회사 사무실에 들어선 순간 누가 특별히 지시를 하지도 않았는데 왠지 열심히 일해야 할 것 같은 보이지 않는 분위기를 강하게 느꼈다. 조직원의 눈빛, 사무실 레이아웃, 조직원 상호 간의 대화 목소리 등등 그 조직은 분명히 살아 있었고 보이지 않지만 일에 충만한 기운이 강하게 느껴졌다.

이것이 바로 공기 같은 관리구나 깨닫는 순간이었다. 공기 같은 관리는 하나의 조직 분위기로 형성되고 결국 조직 문화로 귀결된다.

조직 내 보안, 청결, 정도경영 같은 경영 관리는 특히 조직 문화로 접근해야 한다. 최근 조직 내 보안의 중요성이 강조되어 보안 요원을 늘리고 검색을 강화하는 등으로 접근하는 회사들을 쉽게 접하게 된다. 이러한 단순한 하드웨어식으로만 접근하는 방식은, 조직원들은 물론 방문하는 고객들에게도 오히려 거부감만 양산하는 후진적 관리이다. 조직원이 통제나 관리를 당하고 있다고 느끼지 않도록 하면서, 그러나 보안을 절대로 지키지 않으면 안 된다는 분위기를 만들어 자연스러운 조직 문화로 연결되도록 하는 것이 높은 수준의 관리다.

구글이나 애플 같은 IT 첨단 기업도 보안을 강조하지만 실제 방문해 보면 하드웨어적 보안이 그렇게 강하지 않다. 그런데 이런 회사들의 공통점은, 만약 회사에 피해를 끼친 보안 사고가 발생하면 귀책 사유가 있는 개인에게 파산할 정도의 엄청난 금전적 배상을 하게 만들어 놓아 감히 보안 규정을 위반하는 행동을 원천적으로 하지 못하게 한다는 점이다. 일종의 공기 같은 수준 높은 관리다.

조직원에게 열심히 일하라고 리더가 목청껏 얘기하고 있다면 그 조직은 벌써 높은 수준의 관리 측면에서는 실패한 조직이다. 리더가 특별한 얘기를 하지 않았는데도 자동적으로 움직이는 조직이 최강의 조직이다.

몇 년 전 조직 내부 운영 및 관리 방침을 '3제'로 정한 때가 있었다.

3제는 '제가', '제선에서', '제대로'라는 문구에서 3가지의 '제'를 따와 직접 명명하였다. 3제는 일종의 조직 운영의 자신감의 표현이었다. 이에 따라 조직 내 권한 위양도 대폭 하려고 했다. 그러나 기대보다 간단히 실현되지는 않았다. 조직 내에서는 3제를 실천하지 못하고 실망시키는 직원들도 있었기 때문이다. 하지만 기본적으로 조직 전체에 자율성을 주면서 스스로 리드하는 조직 운영과 주인 의식 활성화 측면에는 큰 역할을 한 것도 사실이다. 리더가 된다면 리더가 부재중이라도 자동적으로 조직이 잘 돌아가는 시스템 경영의 최고봉, 즉 공기 같은 관리를 할 줄 알아야 한다.

리더는 읽고 써야

책 읽기는 쉽지 않다. 그런데 글쓰기는 더 어려운 것 같다.

글을 쓰려면 먼저 책을 많이 읽어야 한다. 진정 실력 있고 존경받는 리더가 되고 싶다면 1주일에 한 권 정도의 책을 독하게 10년간 읽어 보라고 권하고 싶다. 이렇게 되면 간단히 계산해도 연간 평균 50권, 10년이면 500권의 책과 만나게 된다. 경영 서적이든, 역사책이든, 소설, 위인전 등 어떤 책이든 관계없다. 책을 접하면 자신의 비즈니스 논리를 재정리하게 되고 사고의 융합을 통해 새롭게 거듭나게 된다. 책 읽기를 통해 기본적인 자신의 논리 뼈대에 외부의 좋은 생각과 정보가 살이 붙어 점점 더 내공이 높아진다. 이때 한 가지 중요한 포인트는 자신이 읽은 책에서 특별히 감동을 받은 부분을 별도로 표시해 두거나 메모로 정리해 두는 것이다. 이는 두고두고 큰 자산이 된다. 우리는 망각의 동물이라 순간순간 정리해 두지 않으면 나중에 다시 기억을 되살리기가 무척 힘든 경험을 시간이 지날수록 자주 하게 된다. 따라서 평소에 조금씩 미리 정리해 두는 것이 필요하다.

리더는 써야 한다.

실제 내가 글을 쓰게 된 계기는 40세가 넘었을 때 어느 지인이 보내 준 개인 메일이었다. 그는 나와는 동갑인데 "나이가 40세가 넘으면 미리 죽어가는 보따리를 준비해야 하고, 더 늦기 전에 기록으로 남기면서 스스로의 생활을 디지털로 정리해 두려고 한다"라는 내용이었고 당시 상당히 신선한 충격과 자극을 받았다.

이를 계기로 2005년부터 15년 동안 계속해서 일기(日記)를 쓰고 있다. MS word 파일로 매년 200~300페이지 정도라, 모두 모으면 3천 페이지 이상의 분량이 된다. 일기를 쓰는 시간은, 비록 짧더라도 하루의 나를 정리하면서 반성도 하고 나와 대화하는 자기 충실의 시간이기도 하다. 일기는 결국 나의 좋은 습관으로 연결되고 나의 책의 기본 소재로 제공되는 선순환으로 이어진다.

이전 삼성 SDS의 대표이셨던 K 사장의 '편지 경영'이 화제가 된 적이 있다.

그분은 2003년 취임 이후 2년 동안 한 주도 거르지 않고 매주 '월요 편지'를 모든 사원에게 이메일로 보냈다. 편지에는 회사의 경영 방침은 물론 공유하고 싶은 회사 소식, 사장의 생각, 감동받은 책 등 최고 경영진의 진솔한 얘기와 다양한 내용이 포함되어 있었다. 직원들은 이 메일에 화답하는 답장을 편하게 보내는 그야말로 살아 있는 조직 내 의사소통의 툴이 되어 많은 직원들이 감동하였다고 한다.

회사 생활에서 메모도 중요하다. 상사로부터 지시를 받았을 때, 중요한 회의 내용, 갑자기 떠오른 좋은 아이디어 등 회사에서는 메모를 해 두어야 할 경우가 많다.

왜 메모를 해야 하는가. 이유는 간단하다. 기억력의 한계 때문이다. 회사 생활을 하다 보면 바쁘게 많은 것을 처리해야 하고 그러다 보면 우리의 기억력의 용량이 한계에 부딪힌다. 메모를 하고 기록을 해 두면 나중에 많은 도움이 된다.

나의 침대 옆에는 항상 메모장이 있다. 꿈 속에서도 좋은 생각이나 아이디어가 떠오르면 일어나 메모를 하였고 다음 날 간밤에 쓴 메모를 제대로 알아볼 수 없는 경우도 있었지만 생활 속 메모와 적는 습관은 나의 회사 생활에 많은 도움이 되었다.

다른 차원의 얘기이지만 조직 관리를 위한 한 가지 팁은 고마운 마음을 담은 리더의 손편지의 위력이다. 직원들의 생일이나, 결혼 기념일, 입사일 등 어떤 특별한 일이 있을 때 리더가 써 준 정성 어린 손편지를 받아 본 사람은 그 고마움과 위력을 안다. 그 속에는 디지털 활자에서는 절대로 느낄 수 없는 잔잔한 감동이 묻어 있다. 상사의 손편지는 조직원에게 최고의 선물이며 격려다.

리더는 언제나 펜을 들어야 한다. 적자생존(適者生存)이 아니라 무엇인가를 쓰고 적는 리더가 생존하는 것이다. 즉, (글을) 적는 자가 생존한다.

선릉역 근처 삼성 DSC(Digital Solution Center)에서 부장으로 근무하고 있던 때의 일이다. 그날은 나의 생일날이었다. 시골에 계신 어머니로부터 아침 일찍 급하게 전화가 걸려 왔다. 건강이 안 좋으신 어머니이시기에 늘 건강이 염려되었던 때라 바짝 긴장을 하면서 전화를 받았는데 어머니는 뜻밖의 말씀을 하셨다. "우리 아들은 삼성에서 더 열심히 일해야 한다"라고 몇 번이나 얘기하시는 것이 아닌가. 자초지종을 확인해 보니 내용은 이러했다.

당시 나의 상사였던 담당 임원께서 시골에 계신 어머님께 내 생일에 맞추어 축하 화분과 짧은 손편지를 보내셨다고 한다. 그런데 핵심은 임원께서 직접 쓰신 손편지였다.

> 김 부장은 우리 삼성에 꼭 필요한 참으로 훌륭한 인재입니다. 이렇게 훌륭한 아들을 낳아 주셔서 감사합니다. 항상 건강하시기 바랍니다.
>
> _ 최 상무 올림

이 손편지와 축하 꽃을 받으신 우리 어머니의 감동은 그야말로 하늘을 찔렀고 너무 기뻐서서 곧바로 아들인 나에게 전화를 주셨던 것이다. 어머니는 이렇게 좋은 상사 밑에서 더 열심히 일해야 한다고 몇 번이나 말씀하셨다. 정말 잊을 수 없는 직장 상사의 마음의 배려였고 큰 생일 선물이었다.

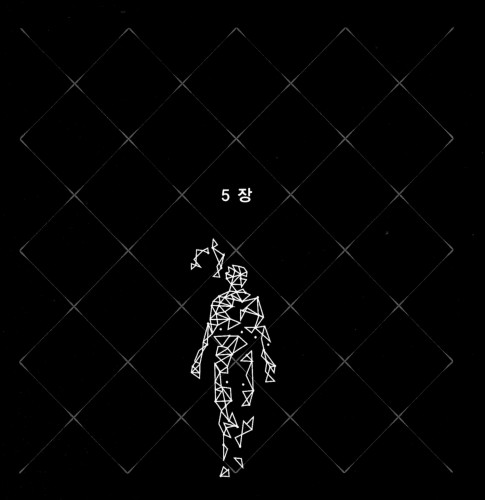

5 장

진정한 프로는 이렇게 일한다

원대한 꿈을 품고

삼성그룹 내 해외 주재원의 임기는 보통 4~5년이다. 나는 1995년 3월 일본 동경에 삼성의 주재원으로 부임하였기에 2000년 초부터는 서서히 한국으로 귀임을 전제로 마음의 준비를 하고 있었고 후임자도 이미 내정이 된 상태였다. 그런데, 당시 인터넷의 보급과 함께 불어 닥친 벤처 붐과 범그룹적으로 추진하고 있던 인터넷 사업의 글로벌 확대 전략의 일환으로 일본에서도 인터넷 사업을 하는 조직이 만들어졌다. 당시 나는 일본에서 회사 초창기 대표를 담당하시게 될 분과 운 좋게도 같은 아파트에 살고 있었다. 그러던 2000년 3월 어느 날, 평소 존경하던 그분이 함께 인터넷 사업을 해 보지 않겠느냐는 제안을 하셨다. 나는 심사숙고 끝에 귀국을 단념하고 이 회사 초기 설립 멤버로 참가하게 되었다.

비즈니스의 기본은 역시 '사람 모으기'이다. 결국 비즈니스는 사람이 하는 것이기 때문이다. 초기 직원 확보는 개인적인 네트워크에 거의 의존하였지만 결코 쉽지 않은 과정의 연속이었다. 이름 있는 헤드 헌팅사도 활용했지만 번번히 실패하였고 일본 땅에서 한국의 벤처 회사가 좋은 인재를 구하기는 정말 힘들었다.

그런 과정에서 재일 교포와 유학생까지 포함 개인적인 인재 풀을 총동원하여 아쉬운 대로 초기 멤버들을 겨우 확보하였다.

사무실도 동경 시내 시부야에 마련했다. 당시 시부야는 일본의 실리콘밸리라 할 수 있는 '비트 밸리'라는 지역이어서 많은 일본의 신생 벤처가 이곳에 집중적으로 사무실을 마련하고 있었을 뿐만 아니라, 향후 계속적인 투자와 사업 전개를 위해 작지만 건물 전체를 빌릴 수 있다는 장점을 종합적으로 고려한 결과였다.

사업 초기에는 당시 사회적 붐으로까지 확대된 한국에서의 인터넷 비즈니스 성공 모델과 유망한 벤처 사업 중 일본 시장에 진출할 계획을 가지고 있는 회사들을 중심으로 일본 내 투자 및 사업 모델을 찾아보기 시작했다.

사업 아이템의 모색

2000년 초 인터넷이라는 순풍이 세계적으로 불기 시작했고 우리 나라는 발 빠르게 IMF 경제 위기를 극복하는 방안으로 인터넷 벤처를 국가 차원에서 적극적으로 육성하는 정책을 취하게 된다. 또한 당시 각 개인의 생존 차원의 처절한 노력이 합쳐져 우리나라는 세계 역사상 유례가 없는 단시간에 인터넷 인프라 세계 강국으로 빠르게 발돋움하게 된다.

IMF 환경하의 많은 명예 퇴직자를 중심으로 새로운 일자리 및 창업 차원에서, 대도시에서 생기기 시작한 'PC방'은 일시에 전국적 규모(약 2만 점포)로 확대되었고 급속도로 성장한 우리나라의 브로드밴드 인프라 환경하에서 미국 블리자드의 전략 시뮬레이션 네트워크 게임인 '스타크래프트'는 일시에 한국 청소년의 마음을 사로잡기 시작하였다. 급기야는 프로게이머라는 희한한 직업까지 새롭게 창출되고 이것이 젊은 세대의 새로운 우상과 아이콘으로 등장하는 새로운 사회 현상까지 나타나게 되었다.

모든 국가 간의 무역 비즈니스의 기본은 차이(gap)에서 출발한다. 품질의 차이, 가격의 차이, 경험의 차이 등 무엇이든 차이가 존재하는 곳에 비즈니스 가능성이 있는 것이다. 그런 면에서 당시 일본의 브로드밴드 환경은 낮은 수준이었지만 시간이 갈수록 고속통신 회선인 브로드밴드의 수요가 크게 확대될 것이며, 이와 동시에 일본에서도 언젠가는 틀림없이 새로운 형태의 네트카페의 수요가 증가할 것이라는 확신이 들었다. 또한 이를 일본 전국으로 네트워크화함으로써 그 시너지 효과를 극대화하는 이른바 '오픈라인 포털형 사업'을 새로운 사업 기회로 파악했다. 실제 일본의 편의점이 그 대표적인 예다.

당시 인터넷 사업에 전혀 경험이 없었던 나로서는 그나마 오프라인과 믹스된 네트카페 사업이 가장 이상적이라고 판단하였고, 조직 내 일부 반대 의견도 있었지만 당시 사업팀장이었던 나는 첫 사업으로서 한국의 PC방 비즈니스를 개조한 일본식 네트카페 비즈니스인 인터피아를 하겠다고 결심을 하게 된다.

인터피아의 저돌적 추진

　무식한 게 용감하다는 격언이 딱 어울린 사업 추진이었다. 오직 한길, 군인(?) 정신으로 앞으로 전진, 또 전진한 길이었다. 돌이켜 보면 참으로 무모한 전개였다는 생각도 든다. 그러나 당시 첫 사업이기도 했고, 조직 내에서 내가 가장 강하게 추진을 주장한 사업이었기에, 어떻게든 반드시 성공시키겠다는 의지로 덤벼들었다. 한국의 PC방을 기본 모델로 하여 언젠가는 일본식 PC방(네트카페)이 반드시 성공할 것이라는 확신과 더불어 사업 준비에 박차를 가했다.

　인터피아의 설립일은 2000년 10월 6일이다. 10월 6일은 내 생일이기도 하다. 나는 일본에서 제2의 인생을 시작하겠다고 마음먹고 이날을 회사 창립일로 결정했다.

　하루빨리 점포를 오픈해야 된다는 생각이었다. 21세기 일본의 새로운 네트 혁명을 일으키는 기본 초석을 20세기 내 완성시키고 싶었고, 실제 인터넷 관련 비즈니스는 선점이 중요한 메리트라고 판단했기에 더욱 서둘렀다. 또한 일본에서 오프라인 포털(야후의 온라인 포털에 대응하는 개념임)을 지향하며, 향후 진정한 네트워크의 메카가 되겠다는 일념에서 점포명을 '네카(NECCA)'로 하기로 팀 회의를 통해 정했다.

그해 12월 1일, 점포 오픈 목표일이 최종 설정되었다. 오픈일까지 2개월 남짓 남아서 오직 앞만 보고 달리는 수밖에 없었다. 사전 준비 체크리스트를 만들어 보니 600개 항목이 넘었다. 점포 위치의 선정(사무실에서 가까운 시부야의 중심가로 선정, 관리면의 편리와 화제성 차원), 설계 회사의 디자인 입수(몇 개 디자인 회사를 초빙하여 콘테스트 실시), 시공 회사와의 조율, 한국에서의 PC방 관리 솔루션 도입 및 추가 개발 등 이루 말로 할 수 없는 쉽지 않은 과제가 속출했다. 일은 생각했던 것보다 훨씬 큰 규모였고 직원들은 거의 매일 밤새웠다. 일본인 시공 회사 사장은 도저히 공기를 맞출 수가 없다고 했다. 그러나 목표를 변경할 수는 없었다. 이것은 신뢰의 문제였을 뿐만 아니라 내 자존심이 용납되지 않았다. 공사 비용을 견적 대비 1.5배 지불하겠다고 약속하고 철야 공사에 들어갔다. 공사는 오픈 당일인 12월 1일 새벽까지 추진되었고, 마침내 당일 내외 귀빈을 초대하여 일본식 최초 대형 PC방인 '네카'의 오프닝 행사를 개최하였다. 당시 상대적으로 앞선 한국의 브로드밴드 인터넷 비즈니스에 관심을 가지고 있던 일본 매스컴 관계자가 쇄도하여 네카라는 인터넷 네트카페 브랜드가 일본 전역에서 유명해질 수 있었다.

당시 취재 나온 일본 방송국 관계자의 인터뷰에서 나는 이렇게 당돌하고 자신 있게 얘기한다.

"일본의 근대화의 역사를 바꾼 시점은 명치유신이었습니다. 그 명치유신의 실질적 배경에는 미국의 페리 제독의 함대에서 쏘아 올린

함포가 있었습니다. 이것에 결국 일본의 쇄국 정책을 바꾸고 일본을 개방시켰습니다. 이제 저는 인터넷 대포를 일본에서 쏘아 올려 새로운 '네트 유신'의 선구자가 되고 싶습니다."

그 후 인터피아는 초기에 선점 메리트를 가지고 먼저 달려 나갔으나 일본 후발 업체들의 신속한 추격으로 어려움에 빠지게 된다. 사업 전개 및 확대를 할 때 경쟁사 대비 차별적 경쟁력을 지속적으로 확보하는 것의 중요성을 절감했다. 하지만 지금도 인터피아는 과금 솔루션 등 새로운 사업 변신을 해 나가며 일본에서 잘 운영되고 있다.

사업 실패의 연속

초기에 투자 자금을 바탕으로 다양한 인터넷 사업에 뛰어들었지만 사업 실패가 이어진다. 의욕적으로 벤처 캐피털 형태의 메인 주주로 투자 운영한 여러 비즈니스들이 연속하여 문을 닫게 되었다. 심지어 초기에 순항했던 인터피아까지 겨우 목숨을 유지하고, 비밀 병기였던 게임온은 좀처럼 상황이 개선되지 않았다. 모든 게 패닉이었다. 깊은 고민의 연속이었고 술만 진창 마시고 걱정만 되었다. 사업에 실패해 극단적 선택을 한 중소기업 사장들의 마음이 충분히 이해가 되었다. 분위기에 편승해 사업을 너무 만만히 본 것이다. 사업을 성공시킨다는 것이 얼마나 어려운 것인지 뼈저리게 절감했다.

연속적인 사업의 실패를 통해 크게 깨달은 점 두 가지가 있다.

첫째, 벤처든 글로벌 대기업이든 사업의 본질은 '철저한 고객 대응'이다. 비즈니스에는 반드시 고객이 존재하고, 고객을 진정으로 만족시킬 수 있는 상품과 서비스로 최고의 경쟁력을 가질 때, 그리고 그것을 뒷받침해 주는 탄탄한 조직 경쟁력을 보유할 때 돈을 벌 수 있다는 점이다. 이런 면에서 나는 사업 초기에 그 기본을 망각하였고 엄청난 수업료를 지불했다.

둘째, 결국은 사람이다. 사람을 제대로 보는 것이 무엇보다 중요한데 당시에는 그런 능력이 부족하였다. 사업의 성공을 위해서는 진정으로 믿을 만한 역량 있는 인재 확보가 핵심이다. 가짜 인재가 일시적으로 주위 사람을 속일 수는 있지만 영원히 속일 수는 없다. 사람, 즉 인재에 대한 선구안과 평가의 중요성을 다시 한 번 깨달은 소중한 경험이었다. 신뢰 가능한 사람을 확보해서 끝까지 믿어 주고, 조직 전체가 하나가 되어 최선을 다하면 성공의 길이 열린다.

게임온의 도약과 상장IPO

　게임온은 당시 대유행했던 한국의 온라인 게임을 일본에 가져와 서비스하는 회사로, 2001년 4월에 설립되었다. 실제 게임온 사업의 준비는 일본의 유명종합연구소에서 인터넷과 게임 관련 비즈니스 분석을 담당했던 인력을 초기 대표로 스카우트하면서 시작되었다. 이미 추진하고 있었던 네트카페 비즈니스인 인터피아와의 시너지 효과 기대도 설립의 주요 배경의 하나다. 그러나 결코 사업은 만만치 않았다. 일본 시장 자체가 워낙 패키지 게임이 강하여 시장의 반응이 예상보다 더 차가웠고, 한국의 파트너사와의 협상도 쉽게 풀리지 않았다. 시간이 지나면서 한국의 온라인 게임이 과연 일본에서 자리 잡을 수 있을지에 대한 비관적인 시각도 사내에 점점 높아만 갔고 조직 운영도 엉망이 되어 버렸다.

　결국 일본인 사장을 교체하고 내가 직접 사장이 되어 진두지휘하기로 결정이 되었다. 먼저 운영 비용을 절약하기 위해 시부야에서 에비스로 사무실을 옮기고 새로운 체제로 정비했다. 이후 말로 다 표현할 수 없는 정말 힘든 시간이 있었다. 내가 왜 인터넷 신규 사업을 했는지 혼자 자책하며 후회도 몇 번이나 했다. 돈은 벌리지 않는

데 월급날은 왜 그렇게 빨리 다가오는지 그 엄청난 스트레스는 겪어 보지 않은 사람은 모른다. 하지만 진인사대천명을 믿고 온갖 우여곡절을 이겨 내면서 앞만 보고 달리고 또 달렸다. 솔직히 다시 태어나도 그렇게 열심히 일할 자신이 없다.

5년간의 인고의 세월을 이겨낸 후 마침내 게임온은 2006년 12월 일본 신흥시장향으로 주로 거래되는 동경 마더스(Mothers) 시장에 상장(上場, IPO)을 성공하였다. 그해 연말 게임온에서는 일본의 유명 호텔을 빌려 사원 가족 초청 상장 기념 파티를 했다. 한국에 먼저 귀국한 나와 우리 가족에게 항공권과 호텔 숙박권을 포함한 초청장이 도착했고, 행사 일정에 맞추어 가족들과 함께 일본으로 날아갔다.

상장 파티장에서 나는 회사를 대표하여 상장 소감에 관한 스피치를 하게 되었는데 그동안의 고통과 인내의 시간이 주마등처럼 지나갔다. 함께 고생했던 일본인 직원이 다가와 "다시 태어나도 당신 밑에서 일하고 싶습니다"라고 얘기를 해 주었을 때 감동의 뜨거운 눈물을 흘렸다. 내 인생에서 절대 잊을 수 없는 날이다.

게임온의 성공 요인

돌이켜 보면 당연한 얘기처럼 보이지만 게임온의 성공 요인을 정리해 본다.

첫째, 핵심 인재를 확보했다.

사업은 사람이다. 게임온의 인재에 대해서는 하늘이 도와주었다고 생각한다. 특히 사업 전체를 균형감 있게 리드한 J 이사와 L 본부장의 동참은 게임온 성공의 결정적 요인이었다. 그들을 통해 기술 책임자인 Y 팀장 그리고 뒤이어 일본인 게임 전문가들이 속속 합류하게 되었다. 게임온의 직원들은 정말 헌신적으로 일했다. 그들에게는 지금도 뭐라고 감사를 해야 할지 모르겠다.

둘째, 철저히 조직 및 인사를 관리했다.

게임온 직원에 대해 삼성에서의 노하우를 활용하여 철저한 조직관리 및 교육을 진행했다. 아침마다 전 사원 대상 조회를 실시하였고(게임온은 늦게까지 작업이 많은 관계로 오전 10시부터 업무를 시작했다), 팀장 중심 체제, 납득 가능한 성과급 지급, 전 사원에게 스톡 옵션 배부 등을 통해 조직의 성공과 개인의 발전을 제도적으로 일치시키려고 노력하였다. 또한 회사의 기본 방침을 '정도경영', '선행관리', '감동경영'으로 정하고 이를 실천하려고 솔선수범했다.

또한 조직이 의미 있는 중간 성과를 거둘 때마다 피자 파티, 볼링대회 및 전체 회식 등을 하면서 일체감을 조성하려고 노력했다. 회사의 명확한 방향과 목표의 제시를 통해 사업의 벡터를 통일하고자 연 2회 전 직원 워크숍을 외부 장소에서 진행하였고, 매주 월요일에는 팀장 회의를 통해 조직의 계획과 실적에 대한 점검 및 커뮤니케이션 활성화를 도모하였다. 기본적으로 철저한 삼성식 조직 관리를 베이스로 하면서 자유로운 벤처 방식을 혼합하여 탄력적으로 운영함으로써 탄탄한 조직 운영의 기본을 형성한 것이 주효했다.

셋째, 시대 흐름을 정확히 판단했다.

당시 일본의 브로드밴드의 급속한 확대는 여기에 적합한 킬러 컨텐츠를 요구하게 되었고, PC 베이스의 온라인 게임은 이러한 시대 흐름을 정확하게 파악한 콘텐츠로 인식되었으며 게임온의 자금 조달에도 큰 순풍이었다. 몇 번 자금이 고갈되는 어려운 시기도 있었지만 일본 유수의 벤처 캐피털로부터 자금을 조달하여 무난히 극복하게 된 것도 시의적절한 사업 전개의 좋은 변수로 작용하였다.

넷째, 최고의 온라인 고객 서비스를 제공했다.

초기부터 게임온의 사업 본질을 '서비스 비즈니스'라고 정의하고, 경쟁 상대와 벤치마킹 대상을 일본의 게임 회사가 아니라 일본 최고의 서비스 회사인 '디즈니랜드'로 설정하였다. 즉, 디즈니랜드와 게임온의 공통점은 서비스가 생명이고, 또 서비스는 진화하며 반복적이라는 것이라는 점에 착안하여 일본의 온라인 게임 퍼블리셔 중 최상의 서비스를 제공하였고 이런 점이 초기 고객 확보 및 회사의 이미지 관리에 결정적인 역할을 했다.

다섯째, 한국 파트너사와의 신뢰와 협력을 바탕으로 했다.

기본적으로 한국과 일본은 비슷하게 보이지만 비즈니스상 미묘한 문화 차이가 존재한다. 이를 해결하기 위해 일본과 한국 양쪽을 잘 이해하는 직원을 포진하여 원만하게 브리징을 이끌어 온 것도 중요한 성공 포인트다. 한국 개발사와 신뢰에 바탕을 둔 긴밀한 상호 협력을 통해 게임 서비스 버그 발생 시 밤을 새우면서 실시간으로 수정·반영할 수 있었을 뿐만 아니라 일본 고객의 니즈에 맞추어 디자인, 캐스트 변경 등 철저하게 고객 요구 사항에 대응하면서 차별적인 온라인 게임 서비스 업체로서 자리매김을 해 나갔던 것도 성공 요인의 하나다.

사업의 마무리

2005년 회사의 결정으로 글로벌 인터넷 사업 정리 작업이 추진되었다. 일본에서의 인터넷 사업도 예외는 아니었고 그동안 추진해 왔던 게임온 등 제반 사업을 마무리해야만 했다. 이중 특히 게임온의 정리 과정에서 후임 사장의 선정과 조직의 안정 등 해결해야 할 과제가 많았다. 하지만 새로운 조직 발표를 통해 조직 체제 변경을 하고, 주요 투자가들에게도 마지막 작별 인사까지 하나하나 차질 없이 매듭을 지었다.

돌이켜 보면 일본에서 인터넷 사업을 통해 얻은 큰 수확은 40대 초반에 규모에 관계없이 회사의 최고 경영자 직책을 경험해 보았다는 것이었는데 그것도 해외에서 글로벌 경영을 경험해 본 것은 정말 소중한 시간이었다. 특히 나의 가장 큰 소득은 사업에서의 '자신감'이다. 앞으로 어떤 사업을 담당하고, 어떤 시련이 있더라도 이겨내고 반드시 성공시킬 수 있다는 확신과 자신감을 가지게 되었다.

일본에서의 인터넷 사업 성공이 높게 평가되어 귀국 후 삼성전자의 콘텐츠 담당 부장으로 전환 배치되었다. 이곳에서 다시 '던전앤파이터'라는 초대박 게임을 중심으로 온라인 게임 퍼블리싱 사업의 새로운 성공사례를 이어 나갔다. 2010년 말 임원으로 승진한 후에는 휴대폰을 메인으로 하는 무선사업부에서 새로운 신규 사업인 모바일 B2B 담당 임원이 되었다. 이후 전 세계를 무대로 B2B 사업에 도전하여 10년 동안 매년 단 한 번의 후퇴도 없는 실적으로 앞으로 나아갈 수 있었다. 이 모든 것이 가능했던 배경 중의 하나는 일본에서의 벤처 사업 경험이다. 그때의 과감한 도전과 실패 및 성공 경험 등이 자양분이 되어 스스로의 경쟁력이 되었음은 말할 필요도 없다. 나는 다시 태어나도 그렇게 하고 싶다.

일본 온라인게임 시장은 '태풍전야'

_ 김종신 일본게임온 대표

1990년대 초 버블경제 붕괴 이후 10년 이상의 불황의 늪에서도 일본은 여전히 변화에 대해서는 소극적인 자세를 보이고 있다. 아니, 아직 변화하지 않아도 먹고살아 가는 데 큰 지장이 없기 때문에 급격한 변화를 거부하였는지도 모른다.

일본의 대표적 거대 통신기업 NTT는 자신들이 서비스하는 ISDN(종합정보통신망)의 투자 상각이 끝나지 않았다는 이유로 억척스럽게 새로운 서비스에로의 이행을 거부했다. 시대의 흐름에 역행한 것이다. 참다못한 소프트뱅크의 손정의 사장은 작년 10월 '동경메탈릭'이라는 중소 통신회사를 전격 인수해 월 2만 원이라는 세계에서 가장 저렴한 ADSL 요금을 제시하면서 일본의 인터넷 업계에 충격을 던졌다. 이후 소프트뱅크는 NTT를 제치고 단번에 일본 넘버원의 자리를 획득했다.

이에 놀란 타 업체들이 허둥지둥 가격 인하 경쟁에 들어서면서 일본의 인터넷 인구는 지난해 기준 1,000만 명을 돌파했으며, 올 상반기 중에는 우리나라를 능가하게 되리란 전망이다. 일본은 변화에는 느리지만, 일단 변화에 대한 필요성과 공감대가 형성되면 그 속도가 무서운 나라다. 10년 이상 일본에 살면서도 이러한 일본의 저력에 매번 깜짝 놀라곤 한다.

급속하게 확대되고 있는 초고속 인터넷 환경의 정비와 더불어 지금 일본에서는 온라인 게임이 최고의 콘텐츠로 크게 주목받고 있다. 현재 일본에 진출한 한국의 온라인 게임 중에는 '리니지', '라그나로크', '천상비', '한게임', '포트리스' 등이 활약하고 있다. 특히 '라그나로크'는 작년 12월부터 유료 서비스 전개 이후, 유료 회원이 10만 명이 넘을 정도로 폭발적인 인기를 누리고 있다.

일본은 누구나 인정하는 게임 왕국이다. 세계적인 게임 회사 소니, 닌텐도, 세가를 비롯, '파이널 판타지'나 '드래곤 퀘스트' 같은 대작 게임들이 모두 일본에서 나온 것이다. 그뿐만 아니라 실제 게임 산업을 백업해 주는 만화나 애니메이션 등 대부분의 게임 관련 분야에서 자타가 공인하는 세계 최고의 수준을 갖추고 있는 나라가 일본이다.

그러나 PC를 기반으로 하는 온라인 게임 분야만큼은 조금 다르다. 이 분야는 다중의 동시 접속 시 서버 부하의 분산 기술, 게임 마스터 서비스 등 상당한 경험 기술적 노하우가 필요한 분야다.

플레이스테이션을 중심으로 하는 비디오 게임에 집착한 일본과는 달리 변화에 대하여 적극적이었던, 아니 생존을 위해 변할 수밖에 없었던 우리는 인터넷 환경을 운 좋게(?) 미리 경험했으며 이를 배경으로 온라인 게임 분야에 상당한 노하우를 축적해 비교우위의 경쟁력을 가지게 된 것도 사실이다.

솔직히 일본보다 앞선 우리나라의 선진 기술로 일본 시장 한복판에서 정면 승부를 거는 것은 '김치', '진로소주', '반도체' 이후 처음이 아닌가 하는 생각이 든다.

최소한 일본의 온라인 게임 시장은 좋은 의미에서 태풍전야다. 일본의 게임 시장 규모는 우리나라와는 비교가 안 될 정도의 엄청난 시장이다.

그러나 우리의 상대적 비교우위는 결코 오래가지 못한다.

최근 온라인 게임의 가능성을 읽기 시작한 일본의 주요 게임 업체들이 새로운 수익 모델로써 온라인 게임을 서둘러 준비하고 있다. 타이밍이 무엇보다 중요하다. 빨리 준비해야 하고, 선점하지 않으면 우리나라의 온라인 게임은 성공하기 어렵다.

지금 일본 시장은 틀림없는 기회의 땅이다. 게임 대국 일본에서 모처럼 우리의 우수한 기술과 저력을 바탕으로 한 온라인 게임으로 진정한 의미의 정면 승부를 해 보고 싶다.

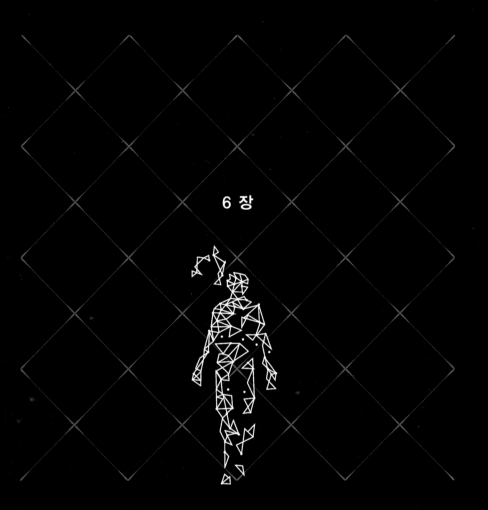

6 장

프로는 가장 소중한 것을
놓치지 말아야 한다

나만의 스트레스 해소법

누구나 조직에서는 스트레스를 받는다. 스트레스는 조직 생활의 숙명이고 어떤 면에서는 그 스트레스의 대가가 바로 급여이다. 회사의 근무 기간이 늘어가고 조직에서 승진할 때마다 엄청난 스트레스의 무게가 나를 짓눌렀다.

결국 스트레스는 조직 생활의 필수 부산물이고 어떻게든 관리해야 한다.

삼성에서 임원이 되면 삼성병원에서 매년 정밀 건강검진 서비스를 받는다. 검사 항목 중에 스트레스 측정 항목이 있다. 이 스트레스 검사에서 유달리 강한 나를 보고 놀란 삼성병원 신경정신과 담당 의사가 그 비결이 무엇이냐고 오히려 나에게 물은 적이 있다. 나의 스트레스 주요 해소법은 '수영', '걷기' 그리고 '명상'이었다.

효율적 스트레스 관리를 위해서는 기본적으로 두 가지 방법의 병진이 필요하다. 즉 '육체적 관리'와 '정신적 관리'다.

육체적 건강은 모든 것의 기본이 된다. 건강은 비즈니스맨의 가장 큰 실력이다. 자주 몸이 아픈 사람은 조직에서 경쟁력이 낮은 사람이다. 상사는 조직에서 몸이 약한 사람에게는 중요하고 시급한 업무를 맡길 때 주저하게 된다. 혹시나 업무를 담당한 직원이 무리를 해서 더 아프게 되거나 도중에 일을 그르칠 수도 있다는 염려와 걱정 때문이다. 육체적 건강은 선천적으로 타고나기도 하지만 노력에 따라서는 얼마든지 향상시킬 수 있다. 당연한 얘기처럼 들리지만 건강을 위해서는 먼저 규칙적 운동의 생활화가 무엇보다 중요하다. 나는 주 3회 아침 일찍 수영을 하는 걸 기본 베이스로 하고, 주말에는 동네 뒷산 산행을 하며 가능한 한 많이 걸으려고 한다. 최소한 하루 1만 보 이상을 걷는 것으로 목표로 세팅해 놓고 휴대폰 건강관리 앱으로 진도 현황을 체크한다. 특히 점심 식사 후 30분 정도 걷기는 매우 효과가 좋다. 2.5km 전후의 거리를 산책하면 약 200kcal 정도 소모된다. 그런데 점심 식사 후 걷기의 더 좋은 점은 업무를 잠시나마 잊어버리고 한 번 끊을 수 있는 기회가 될 뿐 아니라 새로운 아이디어를 찾는 계기도 된다는 것이다. 또한 동료들과 함께 거닐면서 얘기도 나누고 친밀도를 높일 수 있는 좋은 기회이기도 하다. 주말이나 휴일에는 산행을 즐기는 집사람과 함께 집 근처의 산을 1시간 반 정도 다녀옴으로써 걷기의 리듬을 이어 나간다.

임원으로 재직할 때는 시간의 제약이 많아 생활 속에서 간단한 운동을 병행했다. 예를 들면 귀가할 때 엘리베이터를 이용하지 않고 아파트 계단 이용하기, 시간 날 때마다 사무실 자리 옆에서 스쿼트 짬짬이 하기 등등이다. 자신의 상황에 맞는 나름의 규칙적인 운동 습관을 만들고 꾸준히 이어가는 것이 육체적 건강 관리의 핵심이다.

스트레스 극복을 위해서는 무엇보다 스트레스에 임하는 정신 관리, 즉 적극적인 마음 자세가 중요하다. 어떤 어려움이 닥쳐오더라도 그것을 즐기겠다고 마음먹는 것이 포인트이다. 왜냐하면 높은 어려움을 이겨내면 더 큰 '나'가 그 뒤에 웃으면서 기다리고 있기 때문이다. 윈드 서핑을 즐기는 사람은 파도가 높아야 재미있다고 하지 않는가. 어차피 피할 수 없는 스트레스라면 오히려 즐기면 되고 언젠가는 다 지나간다. 당시에는 엄청난 일이었더라도 나중에 지나고 보면 대부분 아무렇지도 않은 상황을 우리는 실제 많이 경험한다. 시련이 다가오면 사고의 시간 축을 잠시 미래로 옮겨 가 현재의 그것을 응시해 보는 것도 스트레스 해소에 많은 도움이 된다. 물론 쉽지는 않다. 그런데 의도적으로 이런 노력을 계속하다 보면 스스로도 놀라게 되는 내공이 쌓인다. **진정한 프로는 지금의 시련과 고통은 더 큰 나를 만들어 주려는 진리의 축복이라고 받아들이는 사람이다.**

스트레스와 건강 관리에서 또 하나 중요한 포인트는 규칙적인 일상, 즉 삶의 리듬을 일정하게 유지하는 것이다. 잠자는 시간, 일어나는 시간, 밥 먹는 시간을 가능한 한 일정하게 유지하여 자신의 업무 집중 시간과 기본적 생체 리듬을 흐트리지 않는 것이 핵심이다. 나는 일요일에도 절대로 늦잠을 자지 않는다. 나의 생체 리듬이 깨지기를 원하지 않기 때문이다. 이것이 바로 30년 회사 생활 동안 단 하루도 결근하지 않은 나만의 평범하지만 핵심적인 노하우이자 변함없는 진리다. 중고등학교 시절에는 개근상을 받지 못했던 내가, 힘들었지만 즐거웠던 직장 생활 30년은 '개근상'을 받게 되었다. 이런 나 자신을 대견하다고 스스로 칭찬해 주고 싶다.

명상의 행복

　명상이란 인간의 순수한 내면 의식으로 몰입하도록 함으로써 잃어버렸던 참된 자아를 찾아가는 종교적 수행법의 일종이다.

　최근에는 직장인 스트레스 관리의 핵심 비법의 하나로 명상이 크게 주목받고 있다. 삼성에서 임원으로 근무할 때 회사의 배려로 1박 2일간 명상 프로그램에 참가한 적이 있었다. 업무 스트레스가 심한 임원들을 대상으로 한 프로그램으로, 부부 동반으로 강원도 깊은 산골에서 머물렀는데, 채식 위주의 식단에 TV도 휴대폰도 차단된 그곳에서 금방 쏟아질 것 같은 별빛을 보며 가진 이틀간의 명상의 시간은 바쁜 일상 속에서 한동안 잃어버렸던 본래의 나를 찾아가는 참으로 귀중한 시간이었다. 이를 계기로 나는 명상에 관심을 가지게 되었고 이는 나의 비즈니스 인생에 큰 영향을 미쳤다.

　구글, 나이키, 포드 등 대표적 글로벌 기업에서도 적극적으로 사내 명상 프로그램을 도입하여 사내 직원들의 집중력 향상은 물론 마음 챙김을 유도하고 있다. 특히 구글 출신의 엔지니어인 차드 멩 탄이 명상 전도사로서 만든 '너의 내면을 검색하라(Search Inside Yourself)'

프로그램이 많은 관심과 주목을 받고 있다.

명상이 단순한 심신의 안정과 휴식에 그치는 것이 아니라 궁극적으로는 조직의 생산성에까지 영향을 미친다고 보고 있다. 그는 명상을 바탕으로 미팅하거나 누군가를 만날 때마다 상대방의 행복을 기원하다 보면 직장 생활뿐만 아니라 인생 자체가 바뀐다고 주장한다. 절대 공감이다.

삼성전자는 2017년 경북 영덕에 명상을 주제로 한 연수원을 열었다.

호흡, 걷기, 먹기, 수면과 같은 생활 명상부터 숲, 해변의 자연환경을 활용하는 응용 명상까지 다양한 프로그램을 임직원에게 제공한다. 실제 내가 담당했던 부서의 직원들도 2~3일 코스로 이곳을 다녀왔고, 다녀온 직원들은 하나같이 명상을 통한 힐링이 아주 만족스러웠다고 얘기했다.

나는 명상 예찬론자이다. 명상은 일단 멈추고 내면의 나로 돌아가 반조해 보는 자성의 시간이다. 즉, 스스로를 살피고 본래의 자기로 돌아오는 훈련이다.

명상을 통해서 자기를 잘 조절한 사람은 마음에 유연성이 생기고 경우에 따라서는 생각 자체가 바뀌기도 한다. 큰 비즈니스 결정을 앞두었을 때, 업무를 하다가 부하나 동료 직원으로 인해 화가 심하게 났을 때, 일단 멈추고 잠시라도 명상을 해 보라. 올바른 의사 결정으로 가는 길과 단서를 제공해 줄 뿐만 아니라 자신의 결정 스트레스도 훨씬 반감해 준다. 또한 화를 냈을 경우에 나중에 올 수 있는 후회를 막아 주는 역할을 해 주며 좋은 인간관계 형성에 도움이 되기도 한다. 실제 업무를 하다 보면 언제나 스트레스가 쌓이고 그러다 보면 자신도 모르게 주위에 짜증을 부리고 화를 내게 되는데 나중에는 후회하는 경우도 많다. 명상은 뇌과학적으로 증명된 스트레스 치유 명약이다.

2년 전 회사에서의 나의 개인적 슬로건은 '명상을 통해 화 안 내기' 였다.

하지만 결코 쉽지 않았다. 금연 서약처럼 직원들 앞에서 아예 공표를 하고 만약 내가 화를 내려고 하면 먼저 상기시켜 달라고 오히려 직원들에게 부탁도 했다. 나의 이러한 나름의 노력이 부하 직원들에게 긍정적인 피드백을 받았음은 물론이다. 명상은 나 자신과의 싸움에서 이길 수 있는 나의 전략적 무기이다.

효과적인 명상을 위해서는 편안하고 바른 자세와 호흡이 무엇보다 중요하다.

부드럽고 편안하게 하면서 배꼽 아래의 단전에 의식을 두는 '단전호흡'을 통해 잠시 멈추는 공부가 축적이 되면 어느 순간에는 흔들지 않는 자신의 내공이 커지는 것을 조금씩 느끼게 된다. 매일 하루를 시작하면서 그리고 하루를 마감하면서 단 1분이라도 명상을 하고, 이를 1년 정도만 지속해 보자. 그러면 완전히 습관으로 체득될 것이다. 그곳에서는 새로운 세계가 우리를 기다린다.

최근 나는 회사에 출근하기 위해 자동차에 탑승하여 시동을 걸기 전, 승용차 안에서 혼자 조용히 2~3분 정도의 명상 시간을 갖는다. 명상 후 운전은 무사고를 보장한다. 마음이 편안해지면 난폭 운전과 과속 운전을 하지 않기 때문이다.

진정으로 강추다.

워라밸

　일과 생활의 균형을 뜻하는 워라밸(Work and Life Balance)이 최근에 핫 이슈로 등장하고 있다. 워라밸은 이제까지 일 중심의 사회에서 이제는 좀 더 개인적인 휴식의 시간을 확보하여 가족과 함께 보낼 수 있는 시간, 저녁이 있는 삶, 개인 취미 활동이 늘어나는 최근의 사회 분위기를 반영한 것이다.

　솔직히 나를 포함한 과거의 기성세대는 직장일로 하루의 대부분을 보내고, 가정은 잠시 휴식과 재충전의 공간으로 인식하는 경향이 많았기에, 최근의 워라밸의 관심 고조는 아직 시기상조이며, 심지어 워라밸을 너무 강조하면 오히려 업무 집중도와 생산성이 떨어질 것이라는 우려까지 가지고 있는 것도 사실이다.

　그러나 이제는 회사를 위해 개인의 삶을 일방적으로 희생해야 하는 시대는 지난것 같다. 최근 일과 생활의 관계는 '교환 관계'가 아니라 오히려 '보완 관계'라고 주장하면서 통합적 관점에서 보아야 한다는 견해도 등장했다. 아마존의 제프 베조스는 "워라밸이 아니라 이제는 워크 라이프 하모니(Work Life Harmony)"라고 주장하기도 한다. 이제 일과 생활은 어느 하나의 일방적 희생을 강요하는(win or lose)

관계에서 진정한 윈윈(win-win)의 구조로 변해 가야 한다. 워라밸은 새로운 시대에 생산성 향상을 위한 큰 방향이고 거스를 수 없는 대세이다.

그런데 워라밸에서 한 가지 유의점은 물리적 시간의 할애도 중요하지만, 활용하는 시간의 질(quality)이 더 중요하다는 것이다. 자신의 삶과 생활도 업무처럼 미리 준비하고 계획함으로써 자신에게 충실한 삶을 살면 멋진 가족 관계는 물론 개인의 삶의 질을 높여 갈 수 있다. 가족도 하나의 소규모 조직이다. 따라서 가족 구성원의 신뢰에 바탕을 둔 커뮤니케이션이 무척 중요하다. 그리고 무엇보다도 우선 한 집안의 가장(家長)이 모범을 보이고 솔선수범해야 한다.

집안의 화목은 회사 업무의 생산성으로 자동적으로 연결된다. 집에서 부부 싸움을 하고 와서 회사에서 일이 더 잘된다고 하는 사람이 있다면 그는 분명 정신병자임에 틀림없다. 가정의 배우자의 내조는 업무 생산성 측면에서도 매우 중요한 요소이다. 배우자는 힘들고 지쳤을 때 새로운 용기와 힘을 주는 원천이며 영원한 업무 파트너이다. 늘 소중하고 귀하게 대해야 한다. 배우자는 인생 최대의 고객이므로 만족 수준이 아니라 진정으로 감동시켜야 한다. 배우자의 생일이나 특별한 날, 특히 결혼기념일을 제대로 챙기지 않는 사람은 회사에서 고객 만족을 주장할 자격이 없다. 이때 진심과 정성 가득한 선물을 꼭 준비해야 한다. 그리고 자신의 배우자에게 가끔은 진심을 담은 손편지를 쓰라고 권하고 싶다. 손편지는 나의 배우자가 가장 기뻐하는 선물이다. 결국 가화만사성(家和萬事成)이다.

사원 시절부터 월급의 10%는 자기 계발 및 건강에 투자했다는 어느 CEO의 애기를 접했을 때 이제는 고개가 끄떡여진다. 그는 자신의 건강관리를 위한 헬스장 이용비, 비타민 약값, 영어 학원비 등 철저하게 자신의 계발을 위한 비용을 가장 중요한 스스로에 대한 투자라고 생각하고 입사 후 계속해서 유지해 왔다고 한다.

업무 이외의 자신의 귀중한 시간을 가족과 즐겁게 보내는 것은 물론 자신의 취미 활동을 포함한 자아 계발에도 과감히 투자할 필요가 있다. 스스로의 삶의 재충전은 업무의 새로운 촉진제 역할을 한다. 휴가가 필요한 이유가 바로 이것이다. 쉼은 절대 낭비의 시간이 아니다. 리프레시와 재충전은 새로운 도약의 발판이다.

연초에 가족들과 모두 모여 연간 휴가 계획을 함께 잡아서 멋진 휴가에 대한 기대감을 가지고 일 년을 열심히 일한다는 한 여성 임원을 만난 적이 있다. 자신은 휴가를 위해서 최선을 다해 일하고 아침마다 열심히 운동도 한다는 것이다. 준비된 장기 여행, 때로는 갑작스럽게 떠나는 짧은 '번개 여행'을 가족과 함께 다니면서 가족과 대화하고 추억을 만들고 재충전한다는 모습이 한껏 부러웠다. 자신만의 꿈과 가치에 바탕을 두고 미리 계획을 세우며 그것을 위해 열심히 살아가는 모습은 참으로 아름답기까지 하다.

스스로 삶의 진정한 가치를 찾아가면서 일과 생활의 조화를 이루는 것, 그것은 새로운 차원의 도전이자 우리의 재미있는 숙제이다.

부전자전

회사 생활 30년 동안 회사와 가정의 밸런스를 생각하면 압도적으로 회사 쪽으로 기운다. 그렇지만 나는 다행히 행복한 가정에도 실패하지 않은 것 같다.

삼성 재직 시 프랑스 출장 중 현지 시간으로 새벽에 아들로부터 전화가 와 휴대폰을 잠결에 받았다.

"아빠, 저 합격했어요. 용인의 Y고요."

"아, 그래. 축하한다. 네가 원하는 학교라고 하니 다행이구나."

나의 그냥 그런 반응에 아들은 말없이 전화를 툭 끊어 버렸다. 나중에 안 사실이지만 아들이 합격한 학교는 최근 가장 인기 있는 용인에 위치한 최고 명문고였고 그것을 자랑스럽게 아빠에게 알려 주려고 전화했는데, 당시 잘 몰랐던 나의 반응이 아들이 기대했던 것보다 훨씬 미온적이라 상당히 실망했다고 했다. 요즘 농담으로 입시학원가의 소문으론 자식을 좋은 학교에 진학시키기 위한 3가지 요소가 첫째 할아버지의 경제력, 둘째 아빠의 무관심, 셋째 엄마의 정보력이라고 한다. 조금은 쓸쓸하지만 난 그중에 아빠의 무관심은 확실하게 가지고 있었던 것 같다.

머칠 후 출장에서 돌아와 아들 합격 축하 기념으로 우리 집 4인 가족은 고깃집에서 저녁 외식을 함께 하게 되었다. 그런데 식사를 마칠 때쯤 아들이 내게 얘기해 준 이 한마디는 평생 잊지 못할 것 같다.

"아빠, 저는 언제나 회사 생활로 바쁜 아빠와 얘기를 함께 한 기억이 별로 없는 것 같아요. 하지만 우리 아빠는 인생을 정말 치열하게 살고 계신 것 같아요. 그래서 저도 치열하게 공부하기로 마음먹었고 열심히 했어요."

그 순간 나는 잠시 멍했고 '치열'이라는 단어가 내 가슴에 박히면서 벅찬 감동과 함께 우리 아들이 너무나 자랑스러웠고 고마웠다. 정말 인생을 잘 살았다는 생각이 들었다. 자식에 대한 교육은 그 어느 부모나 공통의 관심사다. 여기에서 가장 중요한 것은 부모의 솔선수범이다. 자식은 그대로 배운다. 말로써 전할 필요도 없다. 있는 그대로 진솔하게 최선을 다하는 진정한 프로 부모로서의 삶의 자세를 보여 주는 것이 최상의 가정 교육이라고 생각한다. 나는 이제까지 그렇게 살아왔고 앞으로도 그렇게 살 것이다.

우리 부자는 정말 '치열'을 사랑하는, 부전자전(父傳子傳)인가 보다.

나의 경영 키포인트 모음집 50

1. 기업은 살아 있는 생명체요, 움직이는 자전거이다.

2. 시대 흐름을 사전에 예측하고 준비하는 사람은 성공의 티켓을 선주 문(preorder)하는 것과 같다.

3. 비즈니스의 본질은 오늘 돈을 벌면서 늘 내일을 준비하는 것이다.

4. 고객은 착한 사람의 편이 아니라 잘하는 사람의 편이다.

5. 자신이 수행하고 있는 업무에서도 업의 개념이 무엇인가 자문해 볼 필요가 있으며, 이럴 경우 자기 업무의 핵심 관리 포인트가 선명하게 보이기 시작한다.

6. 내가 먼저 다가가 인사하는 것은 인생과 사회생활에서 최고 효율의 투자이다.

7. 지금의 삶의 태도(attitude)를 보면 그 사람의 미래가 보인다.

8. 성공적인 조직 생활을 위해서는 9명의 친구를 만드는 것보다 1명의 적을 만들지 않는 것이 더 중요하다.

9. 만남은 인연이지만 관계는 노력이다.

10. 조직 내 가장 경쟁력 있는 사람은 '함께 일하고 싶은 사람'이다.

11. 세계 1등의 DNA는 기본 사고와 전제부터 완전히 바뀌어야 한다.

12. 긍정적인 마인드로 아침을 일찍 시작하는 자, 성공을 잡으리라.

13. 열정으로 무장하고 집요하게 끝까지 도전하면 뜻한 바가 반드시 이루어진다.

14. 싸워 이겨야 할 상대와 비교 대상은 내 주위 동료가 아니라 '어제의 나'이다.

15. 업무를 할 때는 '독기'를 품어야 한다.

16. 자신의 실력을 늘리면서 참고 때를 기다리면 기회가 반드시 온다.

17. 회사에서 진정한 고수(高手)는 일하러 가는 사람이 아니라 일을 즐기러 가는 사람이다.

18. 아침에 눈이 뜨면 달려가고 싶은 곳, 그곳은 나의 일터이며 무한한 나의 도전과 성장과 행복이 기다리고 있는 자아실현의 장이다.

19. 성공적인 비즈니스는 대충의 감이 아니라 철저한 사전 분석과 예측을 통한 완벽한 준비, 즉 '매복'에서 나온다.

20. 조직에서 매년 같은 일을 같은 방법으로 반복하고 있다면 그 사람은 벌써 도태하고 있는 것이다.

21. 조직은 문제 분석가보다는 '문제 해결사'를 원한다.

22. 성공적인 조직 업무 수행을 위한 '선행관리 3종 세트'는 첫째로 1년 업무 로드맵, 둘째로 3개월 선행 월간 캘린더, 셋째로 일일 업무 체크 시트이다.

23. 준비와 기회가 만나면 성공이라는 열매가 생긴다.

24. 선행관리의 최고의 장점은 경영에서 핵심 관리 항목인 시간의 축을 자기중심으로 가져옴으로써, 보다 여유롭게 업무를 처리할 수 있게 되며 문제나 이슈가 발생했을 때 수정·대응할 시간을 확보할 수 있다는 점이다.

25. 조직에서 성공하고 싶은 자, 반드시 상사를 감동시켜라.

26. 모든 복잡한 문제는 쪼개 보면 단순화되고 해결의 실마리가 보인다.

27. 조직 내에서도 자신이 닮고 싶은 상사와 동료를 스스로 선정하여 자신의 수준과 비교하고 지속적인 개선 노력을 하다 보면 언젠가 자신이 큰 바위 얼굴이 되어 오히려 벤치마킹의 대상이 된 스스로를 발견하게 된다.

28. 조직에서의 실패는 단지 다른 길을 경험한 것일 뿐이며 성공을 위한 축적의 시간이다.

29. 조직원이 가져야 할 핵심 역량은 '문서 작성 능력'과 '발표력'이다.

30. 자신의 업무를 프로세스와 숫자로 치밀하고 정확하게 정리하고, 그것을 철저하게 선행관리와 목표관리 할 수 있는 사람이 핵심 인력이다.

31. 성공적인 보고는 내가 말하고 싶은 내용을 말하는 것이 아니라 상사가 듣고 싶어 하는 보고의 패턴을 활용하여 그 위에 나의 보고를 올려놓는 것이다.

32. 자신의 업무를 항상 핵심 사항 중심으로 머릿속에 정리하고 있어야 한다.

33. 타이밍을 놓친 뒤늦은 보고는 보고가 아니라 통보이다.

34. 진정으로 글로벌 비즈니스를 하려고 하는 사람은 자신의 비즈니스 대상 국가를 사랑하고 총체적으로 깊이 있게 공부해야 한다.

35. 인맥 만들기를 위한 가장 좋은 자세는 자기가 먼저 베푸는 것이다.

36. 영어를 타도의 대상이 아니라 인생의 그림자 같은 영원한 동반자로 만들면 된다.

37. 선행적 시간 관리와 예측에 기반한 가설 검증 경영은 경영의 꽃이다.

38. 목표는 달성을 통해 진화하며 의미를 가진다.

39. 정도경영과 관련하여 어려운 의사 결정 상황에 직면하게 될 때 스스로에게 다음과 같이 자문해 보면 의외로 일이 간단해진다. '내가 이렇게 결정을 할 경우 내 양심과 가족 앞에서 나의 행동이 부끄럽지 않겠는가?'

40. 리더는 공적은 부하에게 넘겨주고 자기는 책임만 지면 된다.

41. 부하 직원은 더 이상 설득의 대상이 아니라 함께 나아가야 하는 공감의 대상이다.

42. 조직에서 현명한 리더는 답을 주는 사람이 아니라 질문을 잘하는 사람이다.

43. 진짜 업무를 맡기고 싶은 사람은, 능력 있는 사람이 아니라 신뢰할 수 있는 사람이다.

44. 칭찬과 격려, 그것은 조직 성과 창출의 요술 방망이이다.

45. 진정한 디테일 경영은 작은 차이로 시장을 장악하는 능력이다.

46. 감사하면 행복해지고 행복은 그 크기의 한계가 없다.

47. 조직 관리 최상의 수준은 바로 공기 같은 관리이다.

48. 진정한 프로는 지금의 시련과 고통은 더 큰 나를 만들어 주려는 진리의 축복이라고 받아들이는 사람이다.

49. 단 1분이라도 명상을 하고, 이를 1년 정도만 지속해 보자. 그러면 완전히 습관으로 체득될 것이다. 그곳에서는 새로운 세계가 우리를 기다린다.

50. 스스로 삶의 진정한 가치를 찾아가면서 일과 생활의 조화를 이루는 것, 그것은 새로운 차원의 도전이자 우리의 재미있는 숙제이다.